Cuidando a mamá y papá
Cuando se intercambian los roles

Carolina González Arias

Cuidando a mapá y pamá. Cuando se intercambian los roles
Carolina González Arias
1ª Edición, Tecni-Ciencia Libros, 2017
© Carolina González Arias
Diseño de portada: Elisa Barrios

ISBN: 9798680234600
Independently published

Todos los derechos reservados. Bajo las condiciones establecidas en las leyes, queda rigurosamente prohibida, sin autorización escrita de los titulares del copyright, la reproducción total o parcial de esta obra por cualquier medio o procedimiento, comprendidos la reprografía y el tratamiento informático.

A Fernando, Fernando Andrés y Daniel Arturo,
mis hombres, mis amores, mis apoyos.
Sin ustedes no pudiera.
A mis padres, porque de ellos se trata.

Gracias a mis amigos:
Ana Linares, Aleska Cardozo, Danny Chávez, Celeste Isernia, Deborah Zambrano, Gioconda Montoya, Irina Francioni, Isabel González, Marlyn Ortega, Ninina Moya, Rafael Pinto y Silse Malavé, por haber aceptado ser parte de este libro.
Gracias a las psicólogas Liliana Castiglione y Stefanía Aguzzi, y a los psiquiatras Héctor Gómez, Olivia Biasini, Armando García Martínez y Milagros Mago, por su invalorable colaboración y ofrecer la visión profesional sobre el tema.
Mi especial agradecimiento a Beatriz Rozados. Gracias por insistir en que contara esta historia y no rendirte hasta verla publicada.

*«E feliz do filho que é pai de seu pai antes da morte, e triste do filho que aparece somente no enterro
e não se despede um pouco por dia».*
«Feliz el hijo que es el padre de su padre antes de su muerte, y pobre del hijo que aparece solo en el funeral y no se despide un poco cada día».

Fabricio Carpinejar

Índice

Introducción 14
Lo cotidiano 19
   El comienzo 19
   La nueva vida 20
   No puedo más 21
   Tengo hambre 23
   Desnuda en la madrugada 26
   No necesito eso 27
   El café con leche 30
   Una de muchas 34
   Abróchame aquí 37
   La cartera 39
   Me voy a bañar 40
   Profecía cumplida 42
   Dame las gotas 44
   La decisión 46
Los sentimientos 49
   Un terremoto... con réplicas 49
   No todo es lo que parece 50
   Reconociendo a tus padres 51
   ¿Por qué a mí? 58
   Lo que no te sirve en este camino 61
   No, no es como tener un bebé 62
   Solo tienes que tener un poquito de paciencia 64

Yo la veo muy bien, ¿no estarás exagerando? 65

Ay, ¿qué te cuesta darle un poquito de café? Dale ese gustico 66

¿Lo vas a poner en una casa de reposo? Tenerlo en tu casa es mejor 67

Tristeza y culpa 68

No estás solo 71

Noelia y Luisa 72

Elizabeth y Ofelia 77

Julia y Marco 79

Manuel y Luisa 80

Carmen y Elena 82

Eloísa y Jesús 84

Mariela y Gustavo 85

Alicia y Pedro 87

Soledad y Antonio 91

Cristina y Ana 92

Mery y Josué 95

Miriam y Gerardo 97

Los expertos 101

Héctor Gómez 102

Liliana Castiglione 105

Olivia Biasini 107

Stefanía Aguzzi 112

Armando S. García Martínez 114

Milagros Mago 114

Epílogo 137
Última nota 141

Introducción

Ayudaba a mi padre a incorporarse de la cama, pues además de sus impedimentos motores de casi una década, recientemente se había roto un brazo, y le era imposible moverse sin ayuda, cuando sentí que mi madre —quien yo creía sentada detrás de mí— se quitaba la última prenda de ropa camino al baño. Haciendo equilibrio con los casi ochenta kilos de mi padre a cuestas, le pregunté: «mamá, ¿qué estás haciendo?». Ella, que hacía pocos minutos se había bañado, me contestó: «me tengo que bañar para ir a almorzar».

Eran las cuatro de la tarde de un día normal. Coloqué de nuevo a mi padre con cuidado en su cama, y le pedí que pospusiera su urgencia para atender a mi madre. Corrí al baño donde ya ella se disponía a abrir la ducha. La saqué del baño, la senté en la cama, le fui poniendo cada pieza de ropa tratando de contrarrestar su disgusto, mientras mi padre me urgía para que lo ayudara a ir al baño.

No es fácil explicar qué sentí. Fue un gran remolino dentro de mi cabeza, y una toma de conciencia repentina de cuán cansada estaba y cuántas pocas fuerzas tenía en ese momento en el que todos los dolores que había logrado capear y superar con el tiempo regresaban juntos y me daban un empujón hasta sentarme en la cama. Me senté al lado de mi madre, y asentía viendo a mi padre para que notara que ya estaba atenta a su requerimiento.

En ese momento, esa voz a la que nunca prestamos atención, esa que procura guiarnos cada momento y en cada decisión, pero que desdeñamos porque creemos saber más que ella, me gritó: *llegaste al borde, otro paso y caes al fondo, y una vez ahí no estarás ni para ti, ni para ellos, ni para tu familia... es hora de hacer algo.*

Como pude, ayudé a mi padre a ir al baño y lo dejé de nuevo en su cama. A regañadientes, mi madre aceptó que no habría baño ni almuerzo. Los dejé a ambos allí, y les ofrecí traerles una merienda. Me fui a la sala. Caí en el sofá y lloré. Han sido más de diez años desde que empecé este intercambio de papeles con mis padres. En mis momentos de desesperación y desánimo pienso que la energía universal que lo guía todo tuvo un día de confusión y me puso en el camino piedritas de más, pero según las cosas que he aprendido en los últimos años, todos escogemos las cosas que venimos a experimentar en este planeta y decidimos, antes de nacer, en qué familia creceremos y con cuáles obstáculos nos encontraremos para poder hacerlo.

Creo que fui muy ambiciosa cuando estaba en ese limbo prenatal. Gracias a mi decisión tuve que asumir el cuidado de mis dos padres, ambos enfermos. Dicen que cuando mueren los padres, uno deja de ser niño. Mis padres, cuando escribo esto, aún viven, por lo que yo cambiaría un poco las palabras y diría que cuando uno comienza a criar a sus padres deja un poco de ser hijo. No me refiero a que pierdes el cariño por ellos ni nada por el estilo, sino que es un intercambio total de roles. Pasas a ser el padre de tus padres. Debes cuidar de ellos, vigilar sus pasos para que no se hagan daño, hacerles sus platos preferidos para asegurarte de que se alimenten bien, bañarlos y vestirlos cuando ya no pueden hacerlo, darles sus medicinas... Ya no son el techo que te cobijaba, ahora eres tú quien se convierte en techo para ellos... y nadie te prepara para eso.

Este no es un libro para todos los hijos. Ojalá que no. Aquellos que cuentan con la dicha de tener padres sanos, fuertes e independientes quizá poco sentido encuentren en estas palabras... tal vez algunas le resulten extrañas y hasta chocantes. Cuando me senté a escribir esto lo hice pensando en las veces que he necesitado que alguien me entendiera porque ha marcado en el camino las mismas pisadas que yo. Esa mirada que te dice: «lo sé, yo he estado ahí».

Cuando encuentras en los ojos de otros vivencias similares a las tuyas, tus problemas no dejan de ser problemas, tus tristezas no se mudan, tus fuerzas no se recargan automáticamente. Lo que sí pasa es que entiendes que no eres una isla perdida en el océano a punto de desaparecer bajo las aguas. Hay otros que han estado en el mismo camino... y lo han superado.

A modo de prefacio

No pretendo en las siguientes páginas convertirme en la guía de nadie porque no lo soy. Simplemente, me ha tocado vivir experiencias por las cuales muchos pasan y no tienen la voz, o a veces el ánimo, para decirlas en voz alta. Cuando he estado en las partes bajas de este gran gráfico de barras que es la vida, ha sido siempre un respiro, una llamita en la penumbra, tener la palabra de alguien, la experiencia de otro con su padre o su madre, lo que me ha empujado a seguir adelante. Los momentos difíciles de otras personas te ayudan a vislumbrar caminos, a tomar decisiones y, a veces, hasta a crecer y aprender para servir de apoyo, luego, a otros.

No será esto una especie de biografía, aunque gran parte de este texto será en primera persona, pues son algunas de mis vivencias en este camino, pero también lo salpicaré de toques de imaginación. A veces me convierto en ese narrador omnisciente que sabe lo que sus personajes piensan. En esos casos le pongo otro nombre a mi madre, otro a mi padre y otro a mí. La imaginación, en mi caso, es un ejercicio que me ayuda a sobrellevar lo que a veces se hace difícil sortear y, quién sabe, a lo mejor te sirve de ejercicio a ti que quizás te encuentras en ese callejón que a veces se pone tan oscuro como es el de encargarte de tus padres enfermos. También he usado para armar esta conversa contigo, sin identificar a nadie, pues es lo que menos importa en este caso, la experiencia de otros hijos en las mismas condiciones con quienes converso frecuentemente.

Además de la voz de aquellos que pasan por lo mismo que tú, también creo que es importante escuchar aquella de quienes se dedican a escuchar a otros y ayudarlos a superar este camino. Por eso he consultado con expertos en el área (psicólogos, psiquiatras) para que nos den su visión de la situación.

Te invito a pasar por estas páginas y hacerlas tuyas. Estoy segura de que muchas de las palabras que están aquí van a tocar alguna fibra, harán clic como el ratón de la computadora en el enlace que te interesa. Te sentirás en algunos momentos identificado con alguna escena, con alguna frase, con alguna respuesta. Esa es mi idea, al final de cuentas, que lo que escribo te sea útil en el camino que te ha tocado transitar. Si sientes realmente que ha sido así, que algunos de los caracteres que he sentido la necesidad de plasmar te han sido útiles de alguna manera, por muy simple o pequeña que sea, házmelo saber. Será de ayuda tanto para ti como para mí.

Lo cotidiano

El comienzo

El 16 de diciembre de 1999 fue una fecha que quedó marcada en la historia de mi vida. Ese día cumplía tres meses de nacido mi hijo menor, y acontecía una de las peores tragedias en mi tierra natal: Maiquetía. Ese día miraba en los noticieros, con horror, las imágenes del deslave que padecía el estado Vargas. Intenté comunicarme con mis padres que vivían allá, pero no fue posible. Fue ese día también cuando mi bebé decidió sabiamente que no tomaría más pecho.

Mis padres, en ese entonces septuagenarios, vivían solos en la casa donde crecí. No supe de ellos por varios días lo que me sumió en un estado de angustia total y provocó que ya yo no fuera el sitio de paz que mi hijo esperaba al ser alimentado. Pasaba el día con el teléfono al lado, y pendiente de los noticieros tratando de ver si en los listados de personas afectadas aparecía el nombre de mis padres.

Afortunadamente, ellos salieron con bien de la tragedia. Su casa no sufrió mayores daños, pero la sobrevivencia en ese ambiente caótico no era fácil para dos ancianos solos. Antes de finalizar ese año lograron salir de Maiquetía hacia Caracas hasta la casa de una buena amiga que los acogió en esos duros momentos. En enero les pedí que se vinieran a mi casa en Puerto La Cruz hasta que decidiéramos qué se iba a hacer. La idea era que estuvieran unos meses en casa, mientras las cosas en el estado Vargas volvían a la normalidad. Esos eran los planes, pero mis padres ya en febrero rearmaron sus maletas, pues extrañaban su hogar.

Fueron tiempos difíciles. Mi padre, que siempre fue un trabajador independiente, perdió a muchos de sus clientes, algunos porque desaparecieron con las aguas, otros porque decidieron hacer su destino lejos de allí. No fue fácil para ellos aceptar que la tierra que los recibió cuando llegaron de su Cuba natal ya no era ni sería la misma de antes.

Las cosas se ponían más difíciles cada día. Sin los ingresos de antes, con una tristeza que se alborotaba en cada paso que daban por las calles aún enlodadas, y con los vecinos y amigos tomando nuevos rumbos, vivir se les hacía una tarea pesada... y yo estaba muy lejos para ayudarlos.

Comencé a plantearles la opción de mudarse a Puerto La Cruz. Así estaríamos cerca, y yo podría ayudarlos en caso de que lo necesitaran. Les costó tomar la decisión. No era fácil desprenderse de la casa que había sido su hogar durante toda una vida. Con el tiempo esto ya no fue cuestión de opción, sino una necesidad.

Vendieron su casa, y partieron hacia una nueva etapa, dejando atrás todo aquello que no fuera indispensable para comenzar otra vez.

Se instalaron en un apartamento que tenía mi cuñado, quien amablemente se los alquiló a un precio que les fuera fácil afrontar. Llegaron de madrugada. Mi padre manejando su carro detrás del camión de mudanza.

La nueva vida

La vida en un nuevo lugar lejos del cual fuiste parte por más de cincuenta años no debe ser fácil para nadie. Mis padres tuvieron que aprender a convivir con nuevos vecinos; conocer nuevos amigos; ir de compras a lugares que nunca habían visitado, y gastar con prudencia el dinero obtenido por la venta de su casa. Aunque mi padre intentó trabajar de nuevo, buscar otros clientes y tratar de percibir un ingreso económico, pronto se dio cuenta de que no le era posible.

Al poco tiempo de estar en su nuevo hogar mi padre decidió inscribirse en un plan de medicina prepagada. Debo acotar aquí que aunque a muchos les resulte difícil de creer, mi padre jamás visitó a un doctor o se hizo exámenes de rutina. En mis recuerdos no existe ninguna imagen de él visitando a un médico. Eso en su manera de pensar era cosa de gente débil. Mi madre, por otro lado, siempre fue algo hipocondríaca. Desde que tengo uso de razón, la he visto tomar medicamentos de todo tipo para toda clase de males, algunos reales y otros imaginarios.

El plan de salud requería que se hicieran una serie completa de exámenes médicos y de laboratorio. Al buscar los resultados de los análisis e informes médicos, mi padre, en la séptima década de su existencia, se enfrentó al descubrimiento de que era diabético e hipertenso. Se repitieron exámenes, se buscaron otras opiniones, pero el descuido de toda una vida mostró sus consecuencias.

Por supuesto, no fue fácil. La etapa de negación duró un tiempo. No había manera de que mi padre reconociera que su salud no era la ciudad amurallada que él creía... esa ciudad había sido invadida poco a poco sin que él quisiera darse cuenta.

Esta etapa de negación implicó, como es lógico, descuidos en la toma de sus medicamentos y en la alimentación. Según él era una exageración dejar de comer azúcar. «Siempre se necesita algo dulce» era una excusa para una cucharada de azúcar en el café o comerse algún dulce. Mi madre, por su parte, seguía con sus padecimientos de toda la vida: su estómago delicado, sus olvidos y sus nervios y angustias siempre a flor de piel.

No pasó mucho tiempo para que el volcán —que el descuido de años había ido gestando— hiciera erupción. Una llamada y una frase un día cualquiera indicaban el comienzo de un camino difícil.

No puedo más

La frase que durante tanto tiempo había temido escuchar, estaba a punto de llegar. Con el segundo ACV de mi padre comenzaron a agudizarse ciertos comportamientos de mi madre. Ya manifestaba su disgusto por la cocina, el cual vine a conocer después de grande. Yo hubiera jurado que a ella le gustaba cocinar —aunque ciertamente su menú no era muy variado—, pero después de cuarenta años me enteré, por ella misma, que siempre le había fastidiado la cocina. De hecho, le disgustaba todo lo que tenía que ver con el cuidado de la casa lo que, según me confesó hace años, fue el detonante para volver a trabajar cuando yo tenía ocho años. Edad en la que me convertí en el ama de casa de mi hogar.

Los olvidos de mi madre se hicieron más frecuentes. No eran gran cosa, pero venían a cumplir la profecía que ella hacía desde que tengo uso de razón: «me quedaré sin memoria como mi abuela». Casualidades de la vida, ambas llevan el mismo nombre. En mis recuerdos veo a mi madre siempre tomando alguna pastilla que alguien le había recomendado para la memoria. Ginseng, ginkgo biloba, y cuanto remedio o hierba le dijeran que era bueno para eso.

«Voy a terminar como mi abuela», repetía incesantemente. No recordaba dónde había guardado su cartera, o dónde estaban las llaves, pero lo que más me preocupaba era que olvidaba tomarse sus medicamentos, aunque yo le pusiera un horario grande en la puerta de la nevera. Olvidaba revisarlo. En los últimos tiempos optaba por llamarla por teléfono cuando le tocaba algún medicamento, y la iba guiando. «Ve a la gaveta, agarra la caja que dice X, busca un vaso de agua, tómate la pastilla. ¿Ya te la tomaste? Bien. Te llamo luego».

Mi padre me llamó un día en la mañana. Con la media voz casi inentendible luego de sus ACV me decía que fuera corriendo, que mi mamá se estaba muriendo. Yo, que vivía en el otro extremo de la ciudad, llamé a mi esposo para que me fuera a buscar y salir a toda prisa para atender la emergencia. Cuando llegué, mi madre estaba tendida en su cama quejándose y gritando que se moría, que tenía ganas de vomitar, que estaba mareada. Inmediatamente, la llevamos a emergencia, la vieron, le hicieron exámenes y no salió nada raro. En lo que comenzaban a hidratarla y ponerle un antiemético se sentía bien y de vuelta a casa.

Estos episodios se repitieron infinidad de veces. Ya el estrés de salir corriendo dos y tres veces a la semana me pasaban factura. Las últimas veces que iba, mi madre mejoraba nada más montarse en el carro. En otras ocasiones, ni siquiera la llevaba a la emergencia. Iba directo a mi casa donde al traspasar la puerta nadie hubiera dicho que ella se sintió mal en algún momento.

Su geriatra me comentaba que eran ataques de ansiedad por vivir a disgusto una situación que no quería vivir. La condición de mi papá, el tener que encargarse de cosas como hacer las compras de víveres (aunque realmente era yo quien las hacía con ella), el cocinar todos los días, en fin, las cosas que nunca le habían gustado y de las que siempre tendió a huir. Todo eso hacía que su mente buscara un escape y el único que tenía era yo.

Llegó un momento en que mi papá, sintiéndose totalmente inútil ante estas situaciones me dijo: «no puedo más con tu mamá». Por su parte, mi madre, me decía: «ya no aguanto a tu papá ni la casa». La situación se me hacía insostenible. Tuve que dejar mi trabajo porque debía faltar cada vez que tenía que salir corriendo a atender estas emergencias.

Esta situación hizo que mi esposo y yo tomáramos la decisión de traerlos a vivir a casa.

Tengo hambre

Lucía se levantó varias veces en la madrugada, pero en la mañana ya se le había olvidado. Desde hacía tiempo le estaba pasando. Olvidaba las cosas, pero también olvidaba que las había olvidado. A veces un recuerdo se colaba entre un pensamiento y otro, pero al rato también se iba.

Esa mañana se sentó en el sillón que la había mecido por más de cincuenta años. De eso sí se acuerda. Fue el sillón de su madre, quien lo trajo de su país de origen cuando su padre consiguió trabajo aquí y decidió traerse a la familia a probar suerte en este destino desconocido. Allí se meció su madre en las tardes calurosas de aquella tierra costera en la que echaron raíces. Allí meció ella a sus hijos hasta que ya las piernas sobresalían sobre los brazos del viejo mueble. Y todavía se mece. Cuando se mudó de aquella franja costera a esta otra a trescientos kilómetros de aquella, fue de las pocas cosas que no dejó en la vieja casa para los nuevos dueños. El tosco diseño de madera antigua hizo el viaje para seguir meciendo y meciendo sus cansancios de ahora.

—Mamá, ¿qué haces todavía aquí? Ven a desayunar.
—¿A desayunar? ¿A esta hora?
—Sí, mamá, ¿qué hora es?
—No sé, de tarde, pues.
—No, mamá, son las ocho de la mañana.
—No, no puede ser.
—Sí, sí es. Ven.

A regañadientes, Lucía se deja llevar hasta la cocina. *No sé por qué me miente. ¿Por qué me dice que es de mañana si yo sé que es de tarde? Qué broma, carajo. Ojalá cuando llegues a vieja te traten como a mí.*
—¿Qué voy a desayunar?
—Ya va, ya te sirvo.
—¿Qué voy a desayunar?
—Fruta, ya te la estoy sirviendo.

—¿Qué voy a desayunar?
—Siéntate, anda.
—¿Para qué?
—Para desayunar.
—Pero es de tarde.
—No, es de mañana, toma.
—No tengo hambre.
—Sí, tienes que comer aunque sea un poquito de fruta, no puedes estar con el estómago vacío toda la mañana.
—No quiero. No tengo hambre.
—Sí, come, anda.
—No quiero.
—Bueno, te lo dejo aquí para más tarde. ¿Qué vas a hacer?
—Voy al sillón.
—Ok. Vamos.

No sé por qué me tiene que obligar a hacer lo que no quiero. Yo no soy ninguna carajita para que me esté diciendo lo que tengo que hacer. No tengo hambre y punto.

Lucía se mece un rato. Ve al aire o a la pared frente a ella, es difícil definirlo. Se para, camina hasta la cocina, como si estuviera en piloto automático.
—Dime, mamá, ¿qué quieres? ¿Te prendo la tele?
—Tengo hambre.
—¿Ahora sí? Me acabas de decir que no tienes hambre.
—¿Yo? Yo no he dicho nada. Hace días que no como. Voy a almorzar.
—No, vas a desayunar. Toma la fruta.
—¿Desayunar? ¿Qué hora es?
—Las ocho y quince de la mañana.
—¿Estás segura?
—Sí, estoy segura.

Lucía se come la fruta con rabia. Su cara ya no tiene la sonrisa de antes. Ya no disfruta la comida que tantos placeres le dio... y también dolores. Tiene cara de disgusto. No se sabe por qué. Se despierta de mal humor. El mismo con el que se acostó la noche anterior.

Desnuda en la madrugada

Son las tres de la madrugada. Lucía se levantó de la cama. *Ya es de mañana me voy a bañar para ir a la oficina.* Se quitó la bata de dormir, se quitó la ropa interior, se enrolló una toalla que tenía cerca y fue hacia la puerta del baño. De allí se dio la vuelta. Pensó unos segundos. *Voy a sacar la ropa del escaparate.* Abrió el armario, se quedó viendo la ropa por unos segundos, se dio vuelta y caminó hasta la puerta del cuarto. *Voy a bañarme para ir a trabajar.* Salió del cuarto, abrió la puerta del pasillo y caminó.

Voy al baño. Me voy a bañar. Tengo que ir a trabajar. ¿Dónde estoy? ¿Dónde está el baño? ¿Dónde estoy?

Comenzó a gritar el nombre de su hija. Su nieto acudió corriendo, abrió la puerta que da al pasillo, y le preguntó: «¿Qué pasó abuela? ¿Qué haces levantada?». *¿Dónde está mi hija? ¿Cómo voy a estar desnuda delante de este muchacho?* Gritaba el nombre de su hija. Ella apareció. «¿Qué pasó, mamá? ¿Qué haces despierta a esta hora?». La tomó del brazo y la dirigió de nuevo a su cuarto para vestirla y acostarla de nuevo.

¿Por qué me pregunta eso? ¿Qué voy a estar haciendo? Me voy a bañar, tengo que ir a trabajar. ¿Dónde está el baño? Por Dios, ¿dónde está el baño? ¿Dónde estoy?

***

Mi madre estaba desnuda a las tres de la madrugada caminando por el pasillo que va a su cuarto, gritando mi nombre. Mi hijo y mi esposo, entre el pudor y la impresión, me tuvieron que despertar porque las noches que había pasado sin conciliar el sueño habían logrado que me rindiera.

Llevé a mi madre a su cuarto y le pregunté por qué estaba desnuda por el pasillo.

—Me iba a bañar para almorzar, pero se me perdió el cuarto... no sabía dónde quedaba.
—No, mamá, es de madrugada, ¿ves? Está oscuro el patio. Es de noche, hora de estar durmiendo.
—No, yo voy a almorzar.
—No, mamá, no podemos almorzar a las tres de la mañana.
—Ven, vamos al cuarto que es de noche.
—Me voy a bañar, se me perdió el baño. ¿Dónde está el baño?
—No, no es hora de bañarte. Es hora de dormir.
—Pero tengo que almorzar, hace días que no me das comida.
—No es hora de almorzar. Ven, vamos a ponerte la bata de dormir. Es hora de estar durmiendo. ¿Ves? Mira por la ventana, es de noche.

Mi madre dirigía la mirada hacia lo que yo le señalaba, pero su cara demostraba que no entendía nada. Suena a lugar común o metáfora de novela barata, pero era una mirada perdida, no tenía destino ni motivo.

Cómo me dice que es de noche, si yo sé que es de día. Por qué insiste. Me tengo que bañar. Tengo que ir al albergue. Tengo que almorzar.
—Tengo que almorzar.
—Cuando sea hora de almorzar, almorzamos.

Yo la recostaba y ella volvía a pararse.

Un momento como este y la cantidad de sensaciones que se producen en tu mente y en tu cuerpo es imposible que alguien lo comprenda por más que se lo expliques.

Usando fuerzas que a veces me pregunto de dónde salen, le expliqué como a un niño pequeño que era de madrugada, le enseñaba la oscuridad por la ventana. Le dije que era hora de dormir. La vestí, la acosté y me fui con la esperanza de retomar el sueño hasta el próximo episodio.

No necesito eso

José tiene dificultades motoras desde hace once años, pero en los últimos tiempos ya ni la terapia física logra recuperar lo que dos ACV se han encargado de atrofiar. Cada paso es una oportunidad para la caída. El desequilibrio está presente en cada paso logrado. Las paredes y los muebles son de ayuda... cuando están cerca.
—Papá, usa el bastón.
—Yo no necesito esa mierda.
—Sí lo necesitas.
—No, poco a poco yo llego. Me aguanto de la pared.
—Pero no siempre hay una pared cerca, evitemos una caída, por favor. Toma.

Ofensas salían de su boca, mientras su hija escuchaba como siempre, esperando a que terminara para seguir con la recomendación.

Qué empeño en tratarme como si yo fuera inútil, yo puedo caminar bien. No me voy a caer.
—Ok, papá, pero por favor hazlo por mí, para que me sienta tranquila.
—Yo no soy un inútil.
—Yo sé que no eres un inútil, pero no eres la única persona en el mundo que utiliza un bastón para caminar con más seguridad.
—Yo no voy a andar por ahí como un viejo ridículo que no puede andar sin el pedazo de bastón. Yo puedo caminar solo. No lo necesito. Eso es un estorbo.
—¿Estorbo por qué? Es un apoyo para evitar que te caigas y te hagas daño.
—Si uso el bastón no puedo llevar nada en la mano.
—Pero ¿qué quieres llevar? Yo te lo pongo donde tú quieras.
—Lo quiero hacer yo.
—Pero papá, entiende que hay cosas que te ponen en peligro, y caminar sin bastón es una de ellas.

—No me jodas más, déjame tranquilo.
—Pero no te quiero fastidiar, sino evitar que te pase algo que después lamentes.

José se puso la mano en el pecho y empezó a gritar.
—Cooooñooo, no me regañes, no me regañeeeees.
—No te estoy regañando, te estoy hablando.

José sigue gritando y quejándose como si tuviera un dolor en el pecho.
—No me regañes, no me jodas más.

***

Mi padre sufrió su primer ACV hace once años. Fueron momentos muy difíciles y traumáticos, pero que poco a poco superamos. Luego de estar varios días en terapia intensiva, fue dado de alta y comenzó un plan de recuperación en su casa, donde vivía con mi mamá. Yo me iba temprano a ayudarlo a desayunar, ayudaba a mi madre a prepararle el almuerzo que él podía comer, y le daba la comida como a un niño pequeño. Iba a mi casa a atender a los míos y volvía en la tarde para ayudar a darle la cena.

Fueron días de mucho cansancio. Honestamente, pensé que no tendría las fuerzas para hacerlo. Fueron días intensos de compartir el tiempo y las fuerzas entre mi casa, mis hijos, mi esposo, la casa de mis padres, sus necesidades y mi trabajo. No le deseo esa experiencia ni al peor de mis enemigos... si los tuviera.

En unos meses, mi padre se recuperó muy bien del ACV. Un ligero cambio en su forma de caminar apenas perceptible era lo único que podía decir que había pasado por momentos tan duros. Recuperó el uso de su brazo y hacía sus actividades diarias con normalidad.

A los dos años, otro ACV cambió todo. Fue más fuerte que el anterior y con poca esperanzas de que saliera del trance, pero salió. Esta vez con menos suerte que el anterior.

Mi padre quedó más inhabilitado para las actividades normales. Su lado derecho se paralizó. Incluso sus cuerdas vocales. Era muy difícil entender lo que decía.

Comenzaba todo de nuevo, pero esta vez, como me había mudado un poco más lejos de su casa, decidí llevarlos un tiempo a la mía mientras pasaban los momentos más difíciles. Cuando volvieron a su casa, mi padre caminaba con mucha dificultad con ayuda de una andadera.

Nuevamente comenzaron las terapias físicas para tratar de recuperar algo lo perdido. No fue mucho. Esta vez la parálisis estaba más resuelta a quedarse. Mi padre aprendió a mantener el equilibrio con la ayuda del bastón y comenzó a caminar, pero ahora sí con dificultad. Arrastraba su pierna derecha y su brazo no era de mucha ayuda.

Con el tiempo mi papá se fue fastidiando del bastón y de sentirse minusválido, y empezó a negarse a usarlo la mayoría de las veces. Cada vez que le insistía en el uso del bastón se molestaba. Se hizo costumbre que al momento de yo querer decirle algo sobre el tema, se agarraba el pecho y se sentaba como si le fuera a dar un infarto. Me gritaba, me ofendía y me mandaba al carrizo. Fueron muchas discusiones y disgustos por ese tema, que al final resultaron como una profecía cumplida que nos llevó a tomar una de las decisiones más difíciles de mi vida.

El café con leche

—¿Para dónde vas?
—A la cocina.
—¿A qué?
—A prepararme mi café con leche.
—No, mamá, tú no puedes tomar café con leche.
—¿Cómo que no?
—Así es, mamá, ven que te preparo un jugo o algo más.
—No, yo quiero mi café con leche de todos los días.

—No, mamá, no puedes tomarlo, te hace daño.

Pero qué fastidio, yo quiero mi café con leche. Nunca he dejado de tomar mi café con leche, y nunca me ha hecho daño. Lo que pasa es que no me quiere dar mi café con leche.

—¿Desde cuándo? A mí no me hace daño nada.

—Sí, mamá, no puedes tomarlo, si tomas te sientes mal del estómago.

—¿Quién dijo?

—El médico.

—Estás loca, a mí ningún médico me ha dicho que me hace daño la leche.

Lucía se fue despotricando de su hija. Todas las palabras fuertes de su vocabulario las iba soltando mientras iba molesta camino a sentarse en su mecedora. Descansaba su frente en sus manos. Pasaron tres minutos, se levantó de la mecedora, miró hacia el pasillo y se encaminó a la cocina. Abrió la nevera. Empezó a mover cosas, buscaba algo. Su hija la escuchó y fue corriendo antes de que comiera o bebiera algo que no debía.

—Dime, mamá, ¿qué estás buscando?

—La leche.

—No hay leche.

—¿Y con qué me preparo mi café con leche?

—No, mamá, no puedes tomar café con leche. Toma, te preparé un jugo.

—No, chica, yo quiero mi café con leche.

—No, mamá, tú no puedes tomar café con leche.

—¿Cómo que no?

—Ven, siéntate para que te tomes el jugo y una galletica que te voy a dar.

—No, yo quiero mi café con leche.

—No, mamá, no puedes tomarlo, te hace daño.

Se sentó. Se tomó el jugo a regañadientes. Se paró, fue hacia la puerta del pasillo. Se quedó pensativa, se dio la vuelta, y volvió a dirigirse a la nevera.

—¿Qué buscas, mamá?
—La leche.
—No hay leche.
—¿Y con qué me preparo mi café con leche?
—No, mamá, tú no puedes tomar café con leche.
—¿Desde cuándo?
—Desde hace tiempo. Te hace daño.
—¿Quién dijo?
—El médico.
—Estás loca, a mí ningún médico me ha dicho que me hace daño la leche.

***

Mi madre siempre tuvo la costumbre de tomar café con leche mañana, tarde y noche. Era realmente una especie de obsesión la suya con el café con leche a la manera de su tierra: con una pizca de sal. Una de las anécdotas que siempre nos contó es que cuando trabajaba como secretaria de una línea aérea en su juventud, acostumbraba a llevar un termo con café con leche para tomarlo durante la jornada. Un día sus compañeros de trabajo, conociendo su obsesión, quisieron jugarle una broma, y se tomaron su café con leche. Cuando encontró su termo vacío preguntó quién se había tomado su café, y nadie le respondió. La respuesta la tuvo al día siguiente cuando sus compañeros le preguntaron qué tenía ese café con leche pues le había descompuesto el estómago a todos.

«Sal», dijo ella tranquilamente como si echarle sal al café con leche fuera lo más natural para todo el mundo.

La afición de mi madre al café con leche, aunado a que tomaba cuanta cosa le decían para sus problemas estomacales (desde jugo de limón puro hasta unos hongos que durante un tiempo vi crecer dentro de unos frascos de cristal con líquido que parecían sacados de una película de terror), fue gestando una bomba de tiempo que vino a explotar muchos años después, causando mucho daño a su estómago. Una de las cosas que no sabía mi madre durante todos esos años era que no toleraba la lactosa. Eso explicaba por qué nunca tuvo un momento de tranquilidad con su estómago. Siempre tomaba medicamentos para superar los síntomas, pero como seguía tomando su café con leche nunca mejoraba. Cuando se vinieron a vivir conmigo, pude comenzar a controlar ese y otros aspectos de su alimentación. En principio, le sustituí la leche por leche deslactosada y en menos cantidad cada vez, pero cuando la situación en mi país hizo imposible conseguir esa opción tuve que eliminarle el café con leche que tanto daño le hacía. Igualmente, le eliminé el café negro, pues estando con ella todo el tiempo pude observar que cada vez que tomaba café, ella comenzaba a sentir algo que ella decía que era «angustia en la boca del estómago». El café le alteraba sus nervios ya delicados, amén de que no me parecía bien que si estaba tomando medicamentos para los nervios, estuviera tomando algo que se los alterara.

Comencé a sustituirle el café con leche del desayuno, la merienda y la cena con jugos, a veces naturales, a veces comprados cuando las fuerzas y el tiempo no me dejaban opción. No fue fácil, obviamente, porque mi madre sentía que no había desayunado o merendado si no tomaba su café con leche. Se disgustaba (aún lo hace) y me decía del mal que me iba a morir cada vez que le decía que no había leche, solo jugo. A más de seis años de no tomar una gota de leche o café mi madre todavía me pregunta invariablemente dónde está su café con leche. A veces, cuando la atajo yendo hacia la cocina y le pregunto: «¿qué vas a hacer?». «Lo de siempre, pues, a prepararme mi café con leche», dice.

Nota al margen: esta nota la agrego cuando ya casi estoy finalizando la escritura de este libro porque me pareció un detalle interesante, precisamente en este punto que hablo de su intolerancia a la leche. Últimamente se han incrementado los episodios de ataques de ansiedad de mi madre. La situación se pone más difícil de lo que cotidianamente es. En uno de estos ataques, ya cuando pude lograr que se calmara poco a poco, como siempre traté de sacarle conversación sobre cosas tontas para hacerla salir de su estado. En esta ocasión al ver que se estaba calmando, le pregunté si quería que le comprara un libro de crucigramas (ella dejó de hacerlos hace tiempo). «Te traigo uno fácil», le dije. «Uno fácil sí», me contestó. Se me ocurrió decirle: «a ver, dime una palabra que defina a un animal de cuatro patas que nos dé leche», y me contestó: «yegua». «Mamá, ¿cómo que yegua?». «Cómo no, la yegua da leche y a mí de chiquita me criaron con leche de yegua porque me hacía daño la leche de vaca», me dijo. Y así fue, accidentalmente, que supe de los inicios de la intolerancia de mi madre a la leche.

Una de muchas

José estaba tirado en el suelo. Le gritaba a Lucía que lo ayudara. Ella no entendía y le decía que ella no podía, que él pesaba mucho, que iba a llamar a Marina. Él le decía de todo, le volvía a gritar, la ofendía, pero ella decía que no podía.

Los gritos eran tan fuertes que su hija escuchó desde su cuarto al otro lado de la casa. Por las experiencia vividas, sabía que esas discusiones indicaban que algo malo había pasado. Generalmente, su padre pasaba gran parte de su tiempo gritándole a su madre y diciéndole cosas hirientes y ofensivas, a las que su madre, en su propio mundo, no les prestaba atención, lo que lo enfurecía más y era un círculo vicioso que se repetía constantemente.

Pero pasaba algo más. Estaba segura. Salió corriendo por el pasillo y al entrar al cuarto encontró a su padre gritando desde el suelo haciendo todo lo posible por levantarse, sin éxito. Su mamá, sentada en la cama, veía la situación como si fuera una película en la televisión.
—Por Dios, ¿qué pasó?
—¿No ves? Me caí, eso es lo que pasó.

Siempre haciendo preguntas tontas. ¿No ve que estoy en el suelo? Estoy rodeado de inútiles.
—Pero ¿qué hacías ahí? ¿Por qué no me llamaste?
—Para qué te voy a llamar, yo no soy un inútil.
—No, pero necesitas ayuda para ciertas cosas. ¿Qué estabas haciendo?
—Coño, que le dije a tu mamá que llenara los tobos del baño, pero está loca y sorda y no me hacía caso. Entonces, me puse a llenar los tobos y salí a decirle que me ayudara a moverlos, y me caí.
—Pero, papá, si el agua no ha llegado. Yo estoy pendiente. Cuando llega yo lleno todos los tobos.
—Sí hay un poquito, yo tenía que llenar los tobos.
—Pero, te vuelvo a decir, tú no tienes que ponerte a hacer eso porque eso lo hago yo que estoy pendiente del agua. Mira, ¿qué necesidad había de que te cayeras y te dieras ese golpe?
—Esa vaina la tengo que hacer yo porque tú estás tan loca como tu mamá.
—Pero ¿por qué me dices eso?
—Porque sí, las dos son unas locas y $«%&*&%$# (léase aquí las ofensas cubanas y venezolanas que puedan imaginar).
Marina lo levantó como pudo del suelo, y lo ayudó a caminar hasta su cama, mientras él seguía gritándole hasta del mal que se iba a morir.

***

Esa tarde siempre la voy a recordar porque fue el detonante de una situación muy difícil en mi vida. Estaba trabajando en mi computadora, pero los gritos de mi papá hacia mi mamá, que ya eran usuales, estaban durando más de lo que acostumbraban a ser, y no podía concentrarme en lo que estaba haciendo.

Fui corriendo a su cuarto y la imagen que me recibió fue la de mi padre tirado en el suelo a la salida del baño, gritándole a mi madre, mientras ella lo veía como si aquello no fuera con ella.

Mi padre, nuevamente, se había empeñado en hacer algo que ni tenía ni estaba en la capacidad de hacer. Quería llenar unos tobos de agua, porque según él ya suponía que era la hora en que debía haber llegado y estaba poniendo los tobos para abrir las llaves.

Con la prudencia que te da el paso del tiempo, sé que mejor hubiera sido ayudarlo simplemente a pararse y no decirle más nada. Realmente, por experiencia sabía que las observaciones sobre su seguridad que yo le daba a mi padre caían en saco roto, pues mientras más me empeñaba en que debía ser cuidadoso, más pensaba él que era competente y capaz de hacer lo que quisiera.

Pero no, con la angustia del momento, viendo el golpe que se había dado, no pude más que volverle a repetir mi discurso sobre el no hacer cosas que lo pusieran en peligro. Mi padre enfurecido comenzó a insultarme y a decir cosas verdaderamente hirientes.

Como pude lo levanté, lo acomodé en su cama, y me fui a mi cuarto a llorar y a gritar de impotencia. Creo que estuve más de una hora llorando y dando golpes a la almohada.

Este episodio no me resultaría gratis, así como no lo habían sido sus ACV. Con aquellos, hace más de diez años, llegó un diagnóstico de fibromialgia, una depresión que me llevó a ir durante más de un año al psiquiatra, alteración de mis valores sanguíneos, hipertensión. Este capítulo no sería diferente.

A los dos días de este episodio sufrí un severo síndrome vertiginoso e hipertensivo que me mantuvo cinco días en una clínica, y me causó la pérdida absoluta y permanente de la audición de mi oído derecho y un intenso tinnitus que me acompaña constantemente.

La primera pregunta que me hicieron todos los médicos a raíz de este episodio fue:
—¿Estás bajo mucho estrés?
—Un poco.

Abróchame aquí

Ya casi era la hora de dormir. Lucía se paró de su mecedora y fue a su cuarto a ponerse su dormilona. Se desabrochó poco a poco los botones de la camisa. Volteó a buscar su bata. Volvió a mirar los botones de su camisa, trató de abrocharlos, pero no pudo. Gritó para llamar a su hija.
—¡Marina, Marina!
—Dime, mamá.
—Ayúdame a abrocharme la camisa.
—Pero mamá, te la estabas quitando para ponerte la dormilona.
—No, me estoy vistiendo.
—No, mamá, ya va a ser la hora de dormir.
—No, chica, ayúdame a abrocharme la camisa.
—No, mamá, ven, te vas a poner la dormilona.

Ah vaina, pues, yo solo le estoy pidiendo que me ayude a abrochar la camisa, que yo no puedo. Los dedos no me dan. ¿Por qué le cuesta tanto ayudarme a abrochar unos simples botones? Ella lo que quiere es fastidiarme porque sabe que yo no puedo.

Lucía volvió al cuarto, buscó la bata con la mirada, volvió a ver los botones e intentó abrocharlos nuevamente.
—¡Marina!
—Dime, mamá.

—Ven a ayudarme a abrocharme la camisa.
—No, mamá, te la tienes que quitar para ponerte la dormilona.
—No, me tengo que abrochar la camisa.
—No, mamá, te estás poniendo la ropa de dormir, ¿ves?
—No.
—Sí, ven, toma la bata.

Lucía vio la bata, vio sus botones nuevamente y volvió a querer abrocharlos.

***

Mi madre tiene una confusión terrible con las horas. El día y la noche se le mezclan. En la madrugada cree que es de día, y en la tarde asegura que ya es la hora de acostarse o la de desayunar.

Ese día tenía puesta una camisa de botones. Se paró de la mecedora dispuesta a quitársela y vestirse para dormir. Se la desabotonó. En un momento olvidó que estaba desvistiéndose, y pensó que estaba vistiéndose. Me llamaba a gritos para que la ayudara a abrocharle los botones. Yo le explicaba que se estaba desvistiendo, pero ella estaba convencida de que se estaba vistiendo para desayunar.

Así me llamó de la misma forma un poco más de cinco veces hasta que, a pesar de sus reclamos (porque no le gusta que la vista o la desvista), la ayudé a ponerse la bata de dormir para mecerse un rato hasta que le tocara la hora de su medicina para irse a la cama.

La repetición es algo que es desgastante para mí, y me imagino que para todos los que pasan por esto. Mi madre puede venir cinco, seis, siete veces a hacerme la misma pregunta y sostener la misma conversación, cada vez con la misma actitud, las mismas palabras, la misma inflexión de voz, inclusive. Cosas como «¿qué día es hoy?»,«¿qué voy a merendar?, «¿ya yo desayuné?», «mándame a arreglar el reloj» son cosas que desencadenan conversaciones que se repiten constantemente.

La cartera

Lucía se levantó por quinta vez en menos de diez minutos del sofá donde estaba esperando para salir con la familia. Fue a su cuarto a buscar algo. Se devolvió. Se paró a mirar en derredor. Vio la cartera en el sofá y se sentó de nuevo. Pasaron dos minutos. Se levantó. Fue hacia el cuarto.

Bah, ¿dónde estará mi cartera? Seguro que la dejé en cuarto. No puedo salir sin mi cartera.
—Abuela, ¿para dónde vas?
—Al cuarto.
—¿A qué?, mira que en un ratico vamos a salir.
—A buscar la cartera.
—Abuela, la cartera la dejaste en el sofá.
—No, la tengo en el cuarto.
—No, abuela, está en el sofá.
—Que no.
—Bueno, está bien.

En pocos momentos, Lucía volvió del cuarto con cara de angustia. *No encuentro mi cartera. Tengo todo allí. ¿Dónde se me habrá perdido? Sin la cartera no puedo salir.*
—¿Qué tienes, mamá?
—No encuentro la cartera.
—Está en el sofá.
—No.
—Sí, ven a ver.
—Ahhh.

Se dio vuelta otra vez y se dirigió otra vez al cuarto.
—¿Para dónde vas?
—Al cuarto.
—¿A qué?

—A buscar la cartera.
—Pero está en el sofá, ya la viste.
—¿Sí?

Volvió a sentarse en el sofá. Abrió la cartera. Revisó. Revisó de nuevo. Sacó las dos cositas que tenía: un monedero vacío y papelitos viejos. Volvió a meterlos en la cartera. Pasaron dos minutos. Volvió a revisar la cartera. Sacó todo.
—¿Qué buscas?
—Nada.
—¿Se te perdió algo?
—No.

Volvió a meter todo en la cartera. Salimos.

***

La obsesión con la cartera la tiene mi madre desde hace un tiempo. Realmente no tiene nada allí. Sus documentos personales los tengo yo guardados. Cada vez que vamos a salir es como un ritual. Se para infinidad de veces a buscar la cartera que ya tiene al lado. Luego revisa, vuelve a revisar. Saca las cosas. Las vuelve a meter. Una dos, tres, muchas veces.

Cuando estamos en el lugar al que vamos, con su cartera en las piernas, de repente se levanta muy angustiada preguntando por su cartera. Cuando le decimos que la tiene en las manos, se calma un rato y repite la misma acción muchas veces. Cuando nos retiramos, y vamos caminando hacia el carro, se detiene y pregunta: «¿y mi cartera?».

Me voy a bañar

Cuatro de la tarde. Lucía se estaba meciendo en su sillón y hacía el ruido que se había convertido en costumbre de un tiempo a esa parte. Era como un quejido, pero no se estaba quejando. Era un ay, ay, ay que le salía como del pecho, no de

la boca.
—Mamá, ¿qué tienes?, ¿te sientes mal?
—No, ¿por qué?
—Porque te estás quejando.
—Yo no me estoy quejando.
—Ven conmigo a la cocina para que meriendes.
—No puedo, me tengo que bañar.
—Pero mamá, ya te bañaste antes de almorzar.
—Yo no me he bañado.
—Sí, mami, yo misma te lavé el cabello.
—Yo no me he bañado.
—Ven, vamos a merendar.
—Ah vaina, que me tengo que bañar.
—No, mamá, ya lo hiciste, ven a merendar.

A duras penas y rezongando fue a merendar. *Pero yo me tengo que bañar. Desde ayer no me baño, y si meriendo no me puedo bañar porque tengo que esperar dos horas después de comer. ¿Por qué no me entiende que me tengo que bañar?*

Cinco de la tarde. Marina fue al cuarto, y encontró a Lucía desnudándose.
—¿Qué haces, mamá?
—Me voy a bañar.
—No, mamá, ya te bañaste, ven, ponte de nuevo la ropa.
—No me he bañado, chica, me voy a bañar.
—No, ven, ponte la ropa.
Cinco y quince de la tarde.
—Mamá, ¿qué haces?
—Buscando la ropa para bañarme.
—Ya tú te bañaste.
—Yo no me he bañado.

Cinco y media de la tarde. *Me tengo que bañar. Hoy no me he bañado. Tengo que buscar la pantaleta y el sostén que me voy a poner. ¿Dónde están las pantaletas? ¿Y la toalla?*

—Mamá, ¿qué haces desnuda?
—Me voy a bañar, dame una toalla.
—No, ven para ayudarte a vestirte, ya tú te bañaste.
—No, chica, déjame tranquila, yo no me he bañado desde ayer.
—Sí, sí te bañaste y te lavé el cabello, siente qué limpiecito lo tienes.

Esta situación se repitió más de diez veces hasta que llegó la hora de dormir.

***

Mi madre cada día la toma con temas distintos. A veces es que no ha comido, otras veces es que le ponga pilas a su reloj (aunque el reloj esté andando), y últimamente un tema recurrente es el baño. De hecho hay días en los que no se quiere bañar y tengo que bañarla obligada, y otros es porque se olvida que se bañó y quiere hacerlo de nuevo, aunque tan solo diez minutos antes lo haya hecho.

Hay días en los que ponerme a escribir este libro o dedicar tiempo a mi trabajo de edición de libros o simplemente hacer las cosas de la casa se convierten en tareas imposibles. Mi madre agarra un tema, en este caso el del baño, y se mantiene repitiendo la misma situación infinidad de veces. Confieso que a veces la paciencia se me agota y me encuentro por momentos sin saber cómo reaccionar. A veces le quito de su vista la toalla y la ropa interior, pero es inútil, la escena se repite así no tenga ropa ni toalla.

Profecía cumplida

José sabía que cada día le estaba costando más caminar. Su equilibrio era precario y si antes, incluso con sus dificultades, podía moverse solo para ir al carro cuando salían a algún sitio, ahora la única manera de hacerlo era apoyándose en el brazo de alguno de sus nietos o de su hija, y con paradas en las que estos aguantaban su peso mientras «recuperaba fuerzas» para continuar.

Ese día José fue al centro de abuelos donde lo llevaban por las mañanas a jugar dominó y entretenerse un rato. Al llegar, como hacía siempre a pesar de las advertencias de su hija acerca de la necesidad imperiosa de que se apoyara en el bastón, lo tiró sobre una mesa, y siguió su camino confiando en su destreza para apoyarse de paredes y muebles.

—Papá, no dejes el bastón ahí, úsalo.
—No, a mí en la casa no me hace falta usar esa vaina.
—Papá, por favor, evita un problema mayor. Es peligroso que andes sin el bastón.
—No me regañes. No voy a usar esa vaina.

Qué empeño en querer que yo sea un viejo inútil. Yo no necesito esa mierda de bastón. Yo puedo solo. Ni que abrir la nevera fuera un gran trabajo.

Iba camino a su cuarto, pero en el trayecto se le ocurrió que quería tomar yogur. En vez de llamar a alguien que le sacara el yogur de la nevera y se lo sirviera, él decidió que podía hacerlo solo... y sin el bastón.

Abrió la nevera, tomó el yogur, estiró el brazo para apoyarse en el tope de la cocina al frente de la nevera. Al tratar de recuperar la posición para volver a apoyarse en la puerta de la nevera y cerrarla, ocurrió lo que tanto se temía: perdió el equilibrio y cayó al suelo.

Su hija y su nieto lo levantaron con mucha dificultad mientras él les gritaba que él podía solo. Carreras a la clínica: húmero roto.

***

Mi padre insistía en no usar el bastón. Ese día llegó del lugar a donde los llevaba todos los días a entretenerse y como siempre dejó el bastón en la mesa. Aunque insistí nuevamente en que por favor usara el bastón para evitar una caída, se negó, comenzó a alterarse y a gritarme porque según él, ya estaba muy viejo para que yo lo viniera a regañar. Que él sabía cómo hacer sus cosas y llegar a su cuarto sin el bastón. Para evitar peleas mayores, me fui a continuar con mi trabajo. Cuando escuché el ruido, supe que lo que tantas veces había temido ya había sucedido. Mi padre se cayó y se había hecho daño. En los últimos dos meses habíamos tenido que salir en volandas a la clínica para atenderle las cortadas por las caídas que sufría: cinco puntos en la frente, doce puntos en el dedo anular, ocho en el meñique... Esta vez sabía que no iba a ser tan fácil como unos puntos de sutura.

Estuvo hospitalizado, por lo que aprovechamos para hacerle todos los exámenes posibles. El panorama no era alentador. Operarle el brazo no era posible, no solo por su avanzada edad, sino por el estado de su organismo. La diabetes y la hipertensión habían hecho mella en su cuerpo. No saldría vivo de la operación, me dijeron. El doctor fue sincero conmigo, no debía dejarlo en la clínica porque allí no había nada que hacer. Inmovilizarle el brazo y tratar de mantenerlo lo más cómodo posible era lo único que estaba en nuestras manos.

Nos llevamos a mi padre, ahora en silla de ruedas porque ya sus piernas ni su equilibrio colaboraban para mantenerlo en pie. Fueron días angustiosos en los que el cuerpo no me daba más. Levantarlo de la cama, llevarlo al baño, cambiarlo de ropa, eran esfuerzos para los que mi cuerpo no tenía la fuerza requerida. Había que tomar una decisión.

Dame las gotas

—¡Marina, Marina!
—Dime, mamá.

—Ay, mija, échame unas gotas que tengo tapada la nariz.
—Ok, vamos.

La hija le echó unas gotas en la nariz. A los tres minutos volvió Lucía a gritar.
—¡Marina, Marina!
—Dime, mamá.
—Ay, mija, échame unas gotas que no puedo respirar.
—Mamá, ya te las eché, tienes que esperar un poquito para que hagan efecto.
—Ay, ¿por qué me haces esto? Tú no me has echado nada. ¡Échame unas gotas que no puedo respirar!

¿Por qué me quiere ver sufrir? No puedo respirar, y no me quiere echar unas simples gotas para la nariz. ¿Por qué es así?

—Sí, mami, sí te las eché. Fíjate, tienes la boca cerrada y estás respirando por la nariz, ¿ves?
—No puedo respirar por la nariz, mira.

Lucía inspiraba por la nariz e insistía en que no le entraba aire.
—Ok, mamá, siéntate un ratico y te echo más gotas. Pero en un ratico.
—Coooñoooo, que no puedo respirar. Échame las gotas.

***

Las gotas en la nariz se convirtieron en una obsesión durante varios días para mi madre. Como no le podía echar gotas a cada rato, pues iba a terminar haciéndole más daño que bien, opté por echarle unas goticas de solución fisiológica. Pero era inútil. Seguía en su creencia de que no podía respirar y gritaba y peleaba para que le echar más gotas. Todo en lapsos de cinco o diez minutos.

Mi esposo descubrió que si lograba entretenerla lo suficiente, se le olvidaba lo de la nariz. Fue así que optamos por decirle que luego de la cena le echaríamos las gotas.

Aunque seguía insistiendo, los lapsos se iban haciendo un poquito más largos. Volvía y le decíamos: «sí, sí te vamos a echar las gotas, pero después de que cenes, ¿te parece?». «Ok», nos decía con fastidio y recordándonos que no podía respirar.

Una vez que le servíamos la cena y estábamos con ella, hablándole y preguntándole cómo estaba la comida, se le iba olvidando, y la mayoría de las veces, llegaba la hora de acostarse sin que se acordara de que «no podía respirar».

Es un ejercicio constante de paciencia, que a duras penas logramos. Debo confesar que a estas alturas ya mi paciencia no es la de antes. Mis propias limitaciones físicas me hacen perder la compostura de una manera que no me enorgullece. A veces me he encontrado regañando a mi madre, levantando la voz y tratándola como a una niña. Por supuesto, no me siento nada bien después de estos episodios. Hago un intenso trabajo para reconocer el esfuerzo que hago, y perdonarme si en algún momento me equivoco. No es fácil, pero ayuda.

La decisión

La caída de mi padre fue el detonante que nos hizo reaccionar como familia, y nos urgió a tomar una decisión. El episodio que tantas veces traté de que no llegara estaba aquí, había llegado y como ocurre con todo, nadie está preparado para afrontar decisiones tan difíciles.

Entre el cuidado de mi padre y de mi madre, ambos muy diferentes, cuidados distintos, pero con las mismas exigencias, ya mi cuerpo no dio para más. Tal vez por mi decisión de no rendirme en todos estos años, de brindarles lo mejor de mí, de darles lo que tenía y lo que no, mi salud se fue desgastando. Desde la fibromialgia que me acompaña desde hace diez años, la depresión que estuvo conmigo un tiempo, la hipertensión que se ha convertido en compañera perenne, y la pérdida de audición total del oído derecho con la presencia constante de un tinnitus insoportable, han sido las señales que me ha dado el cuerpo durante todos estos años y a las cuales no escuché. Me decían que había que tomar decisiones que evitaran ese desgaste, pero no les hice caso.

No sabemos qué hubiera pasado si hubiéramos hecho esto o aquello. Nadie lo sabe, por eso no es productivo perder el tiempo en eso. El momento es el presente y en él es cuando debemos tomar las decisiones para lo que vendrá de aquí en adelante.

Cuando ya no pude más y mi familia así me lo hizo entender, comenzamos a pensar en las opciones que teníamos. No eran muchas. Una era conseguir alguien que se ocupara de las necesidades de mi padre. Esa la desechamos porque nuestra casa no tiene la estructura ni la capacidad necesaria para que pueda estar cómodamente una persona que ejerza esas funciones. Además, estaba el hecho de que mi padre está en silla de ruedas; no habría forma de transitar por la casa... ni siquiera de entrar a su cuarto.

La otra opción fue la de buscar un lugar donde lo cuidaran y le brindaran la atención que él necesitaba. No fue fácil encontrar algo, pues en donde vivimos es difícil hallar este tipo de establecimientos. Al fin, dimos con uno. Un lugar en una zona de campo a treinta minutos de nuestra casa, amplia y, lo más importante, con la presencia constante de un médico y cuidadoras las veinticuatro horas del día.

No fue fácil la decisión. Se mezclaron sentimientos. Por un lado los que surgían por los mensajes inculcados por nuestra cultura acerca de «dar todo por los padres» y el papel que ya había internalizado de «cuidadora abnegada» de mis padres; por el otro la sensación de «no doy más» reflejada en mi parte física y emocional. Para mi padre tampoco fue fácil. Era tener que aceptar de una vez por todas que ya no podía hacerse cargo de sí mismo aunado al hecho de separarse de su cotidianidad.

Afortunadamente, luego de unos días, se fue adaptando a la situación y hasta el momento todo va bien en ese sentido. Lo visitamos, le llevamos lo que le gusta, juega dominó con sus nietos, en fin, que por ese lado, a no ser por la parte económica que es ahora lo que tenemos que afrontar, estoy más tranquila. Queda, claro, el cuidado de mi madre. Ese sigue igual. Bueno, no igual, porque su situación mental y física va decayendo cada día... pero vamos dando un paso a la vez.

Los sentimientos

Un terremoto... con réplicas

Confieso que cuando insistí, hace quince años atrás, en que mis padres vinieran a vivir cerca de mí, nunca imaginé que iba a darse una situación como la que atravieso ahora. Nunca pensé que enfermarían paralelamente y que perderían totalmente su independencia. Cuando les dije que pensaran en mudarse, lo hice porque estaban solos y no habría nadie que los auxiliara en caso de alguna situación de emergencia, pero en ningún momento pasó por mi mente que iba a tener que dejar a un lado mi vida para dedicarme a que vivieran de la mejor manera posible esta última etapa de la suya.

La forma en que se han desarrollado los acontecimientos con mis padres ha sido como una serie de pequeños sismos que fueron remeciendo las bases en las que se apoyaba mi vida con mi esposo y mis hijos. Poco a poco, temblor tras temblor, fuimos llegando a esta etapa que yo considero que es como un terremoto... con réplicas.

Esto no solo ha consumido mi energía y la de los míos; también ha sido un golpe económico continuado; ha afectado mi salud; mis hijos, sobre todo el menor, se ha perdido de muchas vivencias, entre ellas pasar unas vacaciones como todo el mundo, o salidas de domingo con sus papás, porque no se puede dejar a los abuelos solos; ha afectado mi vida profesional, amén de la cantidad de sentimientos encontrados y la culpa que te produce el desear, cuando las fuerzas no te dan más, que todo acabe... por muy duro que esto suene. Son momentos en que por más miedo que le tengas al terremoto, quieres que pase de una vez para poder pararte a levantar los destrozos.

Creo que nadie está preparado para estas cosas. Todos sabemos que los años pasan y los cuerpos no son eternos, pero estoy casi segura de que nadie piensa en que las cosas se pondrán tan difíciles en este sentido. Personalmente, no tuve referencia directa de lo que era cuidar a los padres enfermos. Mi abuela paterna pasó sus últimos años como está mi padre ahora, pero estuvo muy poco tiempo en nuestra casa (yo era muy niña). Como cuidarla resultaba muy difícil para mi madre, me cuentan que la llevaron a casa de mi tío, y mi tía política se dedicó a atenderla en sus últimos tiempos. En cuanto a mi abuela materna, ella vivía en Cuba.

Mis padres fueron muchas veces de vacaciones a visitarla. Recuerdo cuando mi abuela enfermó, de la misma forma que mi madre lo está ahora, mi tía, que vivía con ella, se encargó de cuidarla. Recuerdo que constantemente yo le preguntaba a mi madre por qué no iba a pasar unos días con ella para cuidarla, mi madre me contestaba: «ay, no, mija, yo no puedo ir para pasar por ese sufrimiento». En ese momento no entendía cómo era posible que no quisiera ir a ver a su mamá. Ahora, tantos años después entiendo a qué se refería.

No todo es lo que parece

Sostengo la creencia de que no todas las familias son como las de las películas. Yo creo que ninguna, honestamente. Tenemos instalada en nuestra mente una imagen tal de perfección que ha provocado que miles de personas anden por la vida deprimidas porque sus familias no se acercan a ese molde de características imposibles, exacerbado hoy en día con la omnipresencia de las redes sociales en nuestra existencia.

No hay madre perfecta, no hay padre perfecto, no hay hijos perfectos, no hay familia perfecta. Sé que puede resultarte chocante o puedes pensar que a lo mejor estoy drenando frustraciones que no he logrado superar. Yo también lo he pensado, no te creas. Pero lo que he vivido durante los últimos diez años me ha hecho ir un poco más allá de mis narices, y preguntar mucho, hurgar en vidas que no son mías, escuchar con atención y paciencia experiencias ajenas, para asumir con tranquilidad que la perfección familiar es una quimera solo posible en alguna novela edulcorada o en las películas rosas. Cada familia es un mundo y no caben leyes universales inquebrantables ni guiones cinematográficos ni para entenderlas ni para vivirlas.

Reconociendo a tus padres

Cuando veo a mis padres y a los de mis amigos, llego a la conclusión de que uno llega a la vejez de la forma en que ha vivido. No hay muchas sorpresas, cambios repentinos, ni iluminaciones de última hora. Por eso creo que es importante que cada uno asuma cómo ha sido la vida de sus padres porque eso nos da un atisbo de cómo será en su vejez y cómo la asumirá. Lo mismo va para nosotros, que ya estamos en el camino, y quién sabe si aún estamos a tiempo de hacer algunos ajustes.

Algo que yo hice, luego de muchos tropiezos, fue echar la vista hacia atrás en el tiempo y hacer un recorrido virtual para hacer un inventario de las características de mis padres. La forma en que reaccionaban ante ciertas circunstancias, su relación con los demás, lo que les sacaba una sonrisa o aquello que los ponía de pésimo humor. Traté de hacerlo poniéndome en el lugar de un observador ajeno al amor, al cariño y a todo lo que sabemos que le da forma a nuestros recuerdos. No es fácil, estemos claros. Nunca va a ser fácil darse cuenta de que al lado de las virtudes que admiraste en tus padres también existen una cantidad de detalles que a lo mejor no son de tu agrado. Pero siento que es una gran ayuda cuando tienes que enfrentarte a la tarea de cuidarlos y poder manejar ciertos comportamientos que cuando te toman desprevenido pueden ser golpes duros al corazón. La tristeza y el desánimo cuando pasan estas cosas no son buenos aliados en la dura tarea de convertirnos en padres de nuestros padres.

***

Mi padre ha sido un hombre de muchas virtudes. Siempre fue un hombre trabajador, fiel a su esposa y pendiente de sus hijos. Le tocó trabajar desde muy niño. Nació en una familia muy humilde donde el cariño no era el pan de cada día. Muy joven tuvo que emigrar de su país con su familia buscando una mejor vida.

Mi abuelo, según me cuentan, era un señor de mal carácter y poco dado a demostraciones de afecto. Cosa que heredó su hijo. Mi padre nunca me ha dado un abrazo ni me ha dicho un te quiero. En serio. Sé que suena a exageración, pero es la realidad. Una realidad que por cierto he superado, y de la cual he aprendido mucho, sobre todo a la hora de educar a mis hijos, y especialmente para atenderlo a él. A estas alturas no puedo esperar demostraciones de afecto o de agradecimiento de parte de alguien que nunca las ha dado. Es así de simple y es mejor entenderlo para no tener expectativas que no serán cumplidas.

Ha sido un padre que siempre trató de ganar el dinero necesario para darnos las cosas que requeríamos. El ganarse el sustento fue siempre su mayor preocupación. Lo material fue su principal objetivo. No fuimos adinerados, pero vivíamos cómodamente. Tuvimos todo lo que necesitamos y quisimos… de lo tangible hubo lo suficiente, pero las demostraciones de cariño no estaban en ese menú. Asumir esto me ha ayudado a aceptar su forma de tratarme y entender sus obsesiones con el dinero en esta etapa de su vida. Obsesiones que han estado a punto de volverme loca, que me han hecho sufrir disgustos terribles por sus comentarios que me parecen injustos y fuera de la realidad, pero que una vez que lo enlazo con la persona que siempre fue, aplacan un poco el dolor que van dejando en el corazón estos episodios.

Mi padre es un hombre al que siempre le gustó gastarles bromas a los demás (a veces algo pesadas, debo decir), pero que no soportaba que le hicieran alguna a él. El sarcasmo y la ironía fueron las formas comunes en su hablar. Recuerdo que cuando mi esposo me dijo que le iba a pedir mi mano, le advertí que mi padre no era muy dado a protocolos ni tradiciones. Mi esposo insistió, pues en su crianza esa era la manera correcta de hacer las cosas. Una noche llegó a mi casa y le dijimos a mi padre que se sentara que mi novio quería hablar con él. Mi novio comenzó a plantearle lo que normalmente un novio plantea, y le dijo para cerrar: «...bueno, y aquí estoy para decirle que me quiero casar con su hija». Mi padre soltó un: «...bueno, si usted se quiere echar esa vaina en la espalda, pues hágalo». Yo sé que lo dijo pensando que iba a causar gracia, pero no fue así. Todavía hoy, treinta años después, mi esposo recuerda con tristeza ese episodio. Así es mi padre, poco dado a pensar en lo que sus palabras pudieran causar en los demás. Una vez entendido eso, se ha formado una especie de cubierta impermeable que me permite esquivar y salir ilesa de sus comentarios y gritos en esta etapa.

Tal vez porque en su vida tuvo que forjarse su camino con su propio esfuerzo, mi padre es dado a pensar que quienes lo rodeamos no calzamos los puntos suficientes para ser como él. Tenía buenos amigos, era un hombre que le caía bien a los demás, pero era infaltable escucharle en la casa enumerar aquellas que, según él, eran debilidades o defectos de los demás. No había nadie que lo satisficiera completamente... incluyendo a los de su círculo familiar. Cuando entiendo eso, entonces, comprendo lo demás.

Otra característica propia de mi padre que recuerdo claramente desde mi infancia, y que he vivido constantemente en esta nueva etapa es la tozudez y la incapacidad de admitir que a veces se equivoca y que otros pueden tener razón en ciertas cosas. Esa es una característica que le ha traído uno que otro mal rato. Uno muy grave, o tal vez que me ha afectado mucho por estar en esta etapa más cerca de él fue la decisión de no invertir el dinero de la venta de su casa en Vargas en una nueva vivienda en su nueva zona de residencia. Tenía suficiente, según su apreciación, para vivir pagando un alquiler y sus gastos diarios. Los intereses en el banco lo ayudarían, pensaba él. Por más que traté de hacerle ver que lo más prudente era comprar algo pequeño y funcional para él y mi madre, él insistió en que no era necesario. El tiempo me dio la razón, pero él nunca lo ha reconocido. Esa misma tozudez, en este caso con su empeño en no querer usar el bastón ni ningún elemento de apoyo fue la causa de todas su caídas, y de la última que por su gravedad fue la que nos hizo tomar la decisión de ponerlo en manos de quienes lo pudieran cuidar mejor.

Mi padre nunca ha tenido alguna creencia ni religiosa, ni espiritual. Le han molestado siempre que le hablen de Dios, de fe, de pensamientos positivos. Y eso ha sido una de las dificultades más grandes con las que me he tropezado cada día desde que hemos intercambiado nuestros papeles en la vida.

***

Mi madre siempre fue una persona simpática y agradable con la gente. Fue cariñosa y siempre dispuesta a hablar de las cosas que me pasaban, las que me molestaban y de las que disfrutaba. No me puedo quejar. Ella suplió la falta de demostraciones de cariño de mi padre. Cuando llegaba del trabajo, se preparaba un café con leche y se lo iba tomando lentamente en su mecedora mientras conversábamos. Yo le contaba lo que había hecho en el liceo, y luego en la universidad.

Siempre fue muy conversadora. Hablaba hasta por los codos, cosa que confieso he heredado. Leía mucho, lo que hacía que se pudiera tratar con ella sobre temas de muy variada índole, desde metafísica hasta historia universal. Siempre fue entusiasta de los crucigramas. Le gustaba cantar. Siempre que había oportunidad, yo tocaba la guitarra y el cuatro y ella se ponía a recordar viejos boleros.

Lamentablemente, por las características mismas de su condición, estas son cosas que mi madre poco a poco ha dejado de hacer. No hay conversaciones ni momentos de canto. Ya no quiere... o no puede. Ya no hay buen humor y las sonrisas se hacen ajenas a su rostro. Es de las cosas que he tenido que aprender a superar con su enfermedad. La madre que fue ya no es... esa es la realidad. Tratar de mantener una conversación con ella se hace imposible. A veces te mira sin mirarte, otra veces crees que te está siguiendo la conversación, para al final contestarte algo que no tiene que ver nada con lo que estabas hablando.

A algo que ya me he referido es al poco gusto que mi madre siempre ha sentido hacia las labores del hogar, sobre todo la cocina. Mi padre siempre se refirió a mi mamá como a la «frufrú», una manera de decir que mi madre actuaba como una persona adinerada a la que todo había que hacérselo. Eso, por supuesto, se ha exacerbado con su enfermedad, ya no solo por la incapacidad propia de hacer las cosas, sino porque, incluso, cuando todavía podía hacerlas buscaba la manera de evitarlo. El médico me decía que dejara que hiciera algunas cosas para mantener sus capacidades el mayor tiempo posible. Por eso, se hizo costumbre que al llegar las seis de la tarde ella se hiciera su sándwich y se sirviera su jugo para cenar. No pocas veces la sorprendí pidiéndole a hurtadillas a sus nietos que prepararan el sándwich por ella. Lamentablemente, el curso de su condición ya ha hecho que necesariamente todos tengamos que hacernos cargo de cubrir sus requerimientos hasta en mínimos detalles. Es algo que no me ha costado aceptar, pues no era nuevo en la relación con ella.

Mis hijos no han tenido la típica relación de película con mis padres, no ha habido complicidad abuelos-nietos, ni paseos, ni lecturas de cuentos, ni picnics, etc. Mi padre, como ya lo comenté antes, no aprendió a recibir ni dar muestras de afecto por lo tanto eso se daba por descartado. Mi madre, a pesar de ser un poco más cariñosa de lo que fue mi padre, tampoco ha establecido una relación abuela-nietos como la que todo el mundo cree que existe en todas las familias. De hecho, nunca he visto a mi madre establecer una relación cercana con ningún niño; no es un ogro, pero no ha sido la típica madre o abuela. Cuando yo era niña y me enfermaba quienes atendían mis quebrantos eran mi abuela (no la de sangre, una postiza que fue la que hizo ese papel siempre en vista de que las mías no estaban) y su hija, que era mi madrina. Cuando fui creciendo se sumó a la atención cuando me enfermaba una vecina, a quien considero como una madre, que se dedicaba a darme mis medicinas y a hacerme sopas. Una de las cosas que mi madre siempre repitió cuando alguien le hablaba de cuando tuviera nietos y los cuidara era que ella no iba a cuidar «muchachos de nadie», ni siquiera si eran sus nietos. Que cada cual se hiciera cargo de sus hijos. Cuando le planteaban la posibilidad en un futuro de vivir con alguno de sus hijos, ella decía: «no, qué va, yo no voy a ir a ser el servicio de nadie». Esa era la forma de mi mamá de ver la relación con sus hijos y nietos. Reconociendo esta característica en ella, no esperé nunca actitudes diferentes en este sentido, mucho menos ahora con su condición. No es lo ideal, lo sé, pero no ha habido sufrimientos extras porque he podido asumir que así ha sido siempre y no hubo falsas expectativas sobre este aspecto.

Como ya lo he comentado, mi madre ha sido algo hipocondríaca toda su vida. Era fanática de probar cuanta pastillas, planta o brebaje le recomendara cualquiera. Su padecimiento siempre fue el estómago y al parecer esto ha quedado fijo en su mente. Ahora, cuando siente alguna incomodidad (que generalmente es algo que la pone nerviosa o angustiada) inmediatamente se pone la mano en el estómago y me pide que le busque una pastilla. Antes me volvía loca intentando calmar su «dolor» de estómago. Ahora, entendiendo cómo ha sido su vida en este sentido, sé que con un té (de lo que sea) y diciéndole que es para su estómago o sus «gases» se le pasará. Muchas veces, cuando vuelvo con el té ya mi madre ha olvidado que se «sentía mal» y que me había pedido algo.

***

Este reconocer a mis padres en sus características esenciales me ha ayudado a entender, esperar ciertas actitudes y no otras. A veces es molesto cuando la gente (que no sabe ni la mitad de lo que tengo que vivir las veinticuatro horas del día), si manifiesto mi cansancio o contesto alguna pregunta acerca de la salud de mis padres y de cómo lo llevo, dicen:

«¡Ay, pero es que así son todos los viejitos!». Confieso que me muerdo la lengua para evitar discusiones estériles, pero honestamente el *otro yo del Dr. Merengue* que todos llevamos dentro quiere decirles que no todos los viejitos son iguales, que cada cabeza es un mundo, que no todas las viejitas son dulces y tejen medias, ni todos los abuelos le echan cuentos a sus nietos. Cada uno es como fue siempre en su vida, a veces mejor, a veces peor, y desafortunadamente no todos somos protagonistas de novelas rosa... y debemos actuar según las circunstancias que nos toquen.

¿Por qué a mí?

Yo no sé por qué intuyo que yo no soy la única que alguna vez se ha planteado esa pregunta. De hecho, solemos hacernos este cuestionamiento cada vez que creemos que la vida la tiene agarrada con nosotros, y que todos los aguaceros nos mojan.

Yo he tratado (es una tarea constante, no se aprende del todo nunca) de superar un poco el *¿por qué a mí?*, por varias razones, primero porque igual tendría que preguntarme *¿por qué no a mí?* A fin de cuentas, como nuestra sociedad nos inculca hasta el cansancio, tus padres te criaron a ti, ¿por qué no tendrías que criarlos a ellos cuando lo necesitan?

En mi caso, cabía la pregunta también porque en mi familia teóricamente somos cuatro: papá, mamá y dos hijos. Uno de ellos, que no soy yo, decidió un día, vaya usted a saber por qué, que el preocuparse por estas dos personas que viven conmigo (porque no había otra opción) no era una de sus tareas primordiales. Ahí encontré una posible respuesta al *¿por qué a mí?* Este tema del cuidado de los padres y cuál de los hijos asume esta tarea (que es un tema recurrente entre las personas que conozco que están al cuidado de sus padres) fue motivo de estudio en la Universidad de Princeton por la socióloga Angelina Grigoryeva. Ella plantea que son las hijas hembras quienes usualmente asumen esta tarea o, por lo menos, le dedican el doble del tiempo que los hijos varones. Plantea Grigoryeva que el rol que culturalmente se le ha dado a la mujer de proveedora de cuidado y de asumir las labores de la casa tiene mucho que ver con la estadística que se observa en este sentido. Yo estoy por creerme las conclusiones de esta socióloga porque leer este estudio me hizo recordar lo que mi madre le decía a sus amigas cuando yo era niña: «antes, mi hijo me ayudaba a poner y quitar la mesa a la hora de la comida, pero ahora que Carolina es grandecita y ya lo puede hacer, pues lo hace ella que es la hembrita».

Viéndolo en retrospectiva, creo que estaba predestinado que la tarea me tocara a mí.

Te decía que he tratado de superar el *¿por qué a mí?* Yo escribí un libro llamado *Organiza tu clóset mental y vive mejor* en el que planteo que tenemos a veces mucha basura en la cabeza, muchas cosas que no nos sirven, que no nos quedan bien, igual que en nuestro clóset, así que lo más sano es decidirnos a organizarlo y deshacernos de aquello que no nos está ayudando a vivir a plenitud nuestra existencia. Botar lo que no nos queda bien, lo que no nos sirve ni se ajusta a la vida que deseamos.

En esa tarea de organizar pensamientos y deshacerte de los que no te sirven, el *¿por qué a mí?* estaba de primero. Si nos ponemos a ver, es una pregunta bastante inútil que no aporta nada a nuestra vida. Cualquier respuesta que encontraras a esa interrogante no te sería de ninguna utilidad. Es como querer cambiar algo en el pasado, es tarea inútil. Lo que puedes hacer es cambiar el presente, no más.

Con el *¿por qué a mí?* pasa lo mismo. Y te digo que esto no es algo que se me ha ocurrido mágicamente. He tenido que leer infinidad de veces en cualquier cantidad de libros con los más variados autores la poca utilidad de esa pregunta para convencerme de que no servía para nada (claro, no te niego que en momentos críticos, porque los hay a cada rato, lanzo un ¡¿por qué a mí?!, pero creo que ya es por condicionamiento).

Yo seguí los consejos de los muchos escritores sobre temas de crecimiento personal que he leído desde mi adolescencia, y decidí evitar el *¿por qué a mí?*, darle una vuelta y preguntarme mejor *¿para qué a mí?* Es decir, en vez de buscar una causa a mis desgracias, que de poco o nada me servirá para superarla, buscarle un propósito y una utilidad a lo que me está pasando.

He optado por preguntarme la razón por la que las decisiones que he tomado a lo largo de mi vida me han puesto en la situación de tener que cuidar a mis dos padres con enfermedades que los han hecho dependientes de otro, en este caso de mí. ¿Qué puedo sacar de esto? ¿Hay algo que puedo aprender? ¿Podrá esto sacar una mejor versión de mí al final? Yo creo que sí.

Todavía mi camino con mis padres no ha terminado, pero te puedo decir que he aprendido muchas cosas desde que he tenido que hacerme cargo de ellos. Ya algunas las he planteado en líneas anteriores cuando te hablé sobre el reconocer a mis padres.

He aprendido a tener paciencia, aunque de esta palabrita te hablaré más adelante. Como te planteaba cuando te decía que cuidar a los papás no es como cuidar a los hijos, cuando tienes que cuidar a tus padres, la dosis de paciencia tiene que ser doble, porque entras en una dinámica con otro ser adulto con una personalidad formada, y que lo más probable es que por las circunstancias se haya agriado un poco. Mi madre me pregunta más de diez veces la misma cosa en cuestión de minutos. En otras épocas de mi vida yo no hubiera tenido ese aguante. He ido desarrollando el músculo de la paciencia a fuerza de este método de aprendizaje que la vida me puso en el camino.

He aprendido a agradecer lo que tengo en este momento y a disfrutarlo al máximo. Ver cómo mis padres por su terquedad y forma de ser dejaron de hacer tantas cosas que podían haber disfrutado me ha llevado a estar más pendiente de las cosas que puedo agradecer aquí y ahora. Disfruto de mis hijos, de mi esposo, de las conversaciones en la mesa, de los sueños. He decidido concentrarme en lo que tengo y no en lo que me falta. Pudiera estar amargada y llorando por las vacaciones que no he tenido, o los trabajos que no he podido realizar, o los viajes que no he podido hacer por tener que cuidar a mis padres, pero este ejercicio me ha enseñado a decidir ser feliz... a pesar de todo. Como dice el escritor y poeta brasileño, Fabricio Carpinejar: «Todo hijo es el padre de la muerte de su padre. Tal vez la vejez del padre y de la madre es curiosamente el último embarazo. Nuestra última enseñanza».

Lo que no te sirve en este camino

No es un camino fácil este de ser padre de tus padres. No es comparable con la alegría de la espera de los nueve meses de un hijo y verlo crecer y aprender cada día hasta hacerse independiente de ti y formar su propia vida. Cuando nos toca este papel, cuando nuestros padres están enfermos y les es imposible cuidarse a sí mismos, nuestra vida cambia. Hay que enfrentar retos adicionales a los que ya te has planteado en la vida. Ya no es solo tu matrimonio, tus hijos, tu profesión, tu casa; aparece una obligación que no estaba en el cuadro que habías pintado. Empiezas a lidiar con sentimientos que se contraponen y luchan entre ellos, se acumulan, se amontonan... y hay momentos en los que no sabes cómo manejarlos a todos juntos. Tienes que agarrar sentimientos, vida, obligaciones, en fin, todo lo que se te aparece en este camino y tratar de hacer lo mejor posible para salir airoso del trance. Aunado a este maremágnum interno, se suma un término a la ecuación que es como ponerle la guinda a la torta: la aparición de opiniones, comentarios y consejos de aquellos que con muy buena intención pretenden ayudar, pero que al final se convierten en una carga más si tú lo permites.

No es que los consejos, las opiniones y los comentarios sean malos, no, lo que pasa es que se hacen desde afuera, desde donde no se sabe ni la mitad de lo que pasa dentro de esta dinámica de ser padre de tus padres.

Te confieso que muchas veces dejé que las opiniones y comentarios me afectaran. Por mucho tiempo permití que palabras al azar dichas inocentemente me golpearan y me dejaran triste por mucho tiempo. No es que ya tenga una coraza y nada me llegue, pero trato de tomarlos como vienen, y entender que quien los hace quiere ayudar desde la ignorancia de no conocer lo que en realidad se vive en estos casos.

Las decisiones que tomamos, las cosas que decimos, las quejas que planteamos nunca van a ser del agrado de todos. Cada familia es un mundo, cada relación parental es un universo entero con características propias. Nadie tiene la respuesta mágica de cómo debemos cuidar a nuestros padres ni cuáles sentimientos podemos o no tener. Eso lo vamos viendo cada día, pesando situaciones, equilibrando de a poco nuestras vidas. Si en ese andar recibimos ayuda y soporte, pues bien, bienvenido sea, pero cuando sabes que lo que estás recibiendo de amigos y familiares, por mucho que los ames, no te sirve en este camino, pues agradécelo... y déjalo que pase de largo.

A continuación voy a describir algunas situaciones que creo se nos presentan mucho a los hijos cuidadores. Estas son parte de esas cosas que debemos ir dejando en el camino, debemos evitar quedarnos con ellas, como solemos hacer cuando vienen de parte de alguien que quieres y en quien confías. Lo que no te sirve... no lo conserves.

No, no es como tener un bebé

A lo largo de estos años en los que me he tenido que convertir en la mamá de mis padres, no han sido pocas las veces (y serán muchas más, me imagino) en las que a veces prefiero callarme ante ciertos comentarios para no tener que escuchar cosas que me hagan sentir peor.

Nadie entiende lo que siente una persona que cuida a sus padres enfermos si no ha pasado por eso. En estos casos, eso de ponerse en los zapatos del otro no es nada fácil. Todos tenemos esa imagen de película en nuestra mente, la abuelita dulce, el abuelito reilón, y, por supuesto, ninguna imagen que no se acerque a ese ideal va a ser aceptada. Cada cosa que yo cuente acerca de la situación de mis padres en cualquier conversación casual rebotará contra alguna pared de prejuicios que me devolverá algún comentario difícil de digerir.

Una de las frases comunes que aquellos a quienes nos ha tocado ser cuidadores de nuestros padres tenemos que enfrentar con mucha frecuencia es la que solemos escuchar dicha con un tono de ternura paternal: «es que son como unos bebés», «piensa que estás cuidando a unos bebés para que no te sientas mal», «imagina que tienes dos niños más, hay quien cría varios niños de una vez».

Palabras más, palabras menos, esa es la idea que varias veces a la semana tengo que escuchar. Pero es la frase más alejada de la realidad que existe. Cuidar a tus padres ancianos y enfermos no es ni remotamente parecido a cuidar a un bebé, ni siquiera a un niño. No son niños de tres años, aunque a veces se comporten como si lo fueran.

Conversaba sobre esto con alguien que pasa por la misma situación que yo, y me decía con ese tono cansado que a veces llegamos a tener: «no, por Dios, no es como cuidar a un bebé. A un bebé lo bañas en una bañerita, le cambias el pañal con facilidad, nada que ver con el esfuerzo físico y el dolor en el corazón que implica el hacer eso con nuestros padres». Y yo agrego que además de eso, la ternura que te provoca el cuidar a un bebé de esa forma, nunca la vas a sentir al hacerlo con tus padres por mucho que los ames. Tus padres por su misma condición tampoco se sienten cómodos con la situación, muchas veces estos momentos son de tensión, de discusión, de extremo cansancio físico y mental. Además, como decía mi amiga, el nudo que se te hace en la garganta cada vez que te toca hacerlo es muy difícil de desanudar. Yo le agregaba a mi amiga que ni siquiera es posible comparar la situación con niños de tres o cuatro años, pues cuando estás cuidando niños de esa edad, todo lo que haces es un aprendizaje para ellos, sabes que poco a poco se independizarán para ir al baño, para vestirse o para comer... con tus padres es lo opuesto, sabes que cada día será de mayor dependencia que el anterior.

Solo tienes que tener un poquito de paciencia

La primera acepción que nos muestra el diccionario para la palabra «paciencia» es: «Capacidad de padecer o soportar algo sin alterarse». En mi caso, y estoy segura de que en el caso de muchos, la definición es más que correcta.

El hacerme cargo de mis padres desde hace tantos años ha hecho que desarrolle el músculo de la paciencia. No era una de mis cualidades, debo decirlo. Nunca me caractericé por ser paciente, pero el tener que criar de nuevo ha hecho que cada día aprenda a soportar mejor las cosas.

Aunque esto ha sido así, también debo decir que hay momentos en que la paciencia se pierde. Momentos en los que todo se pone negro y ya no aguantas ni un minuto más. Me pasa a veces cuando el día ha sido muy pesado, y en horas de la tarde cuando mi madre se pone más intensa, me pide diez veces algo que ya le he dado. En el caso de mi madre, que imagino que no es el único, repite exactamente igual la escena un número, que a veces parece infinito, de veces. Por ejemplo, le doy su comida. Cena todo lo que le sirvo, se toma su jugo y alguna fruta. Se para y se va. A los tres minutos (a veces los cuento con el reloj) vuelve y me pregunta: «¿no hay nada para cenar?». Le digo que acaba de comer y comienza a pelear porque ella no come nada «desde ayer». La situación se repite exactamente dos, tres, siete... diez veces. A veces, a la décima no hay cabeza, corazón ni cuerpo que aguante, ni paciencia que no te haga alzar la voz y decir «¡por Dios, ya!».

Cuando comento estos episodios (no sé por qué sigo haciéndolo), la gente te dice creyendo que te está brindando un consejo que tú nunca habías pensado (y realmente es el que menos necesitas): «ay, pero tienes que tener un poquito de paciencia» o «es que pierdes la paciencia muy rápido».

Dice Wayne Dyer en *El poder de la intención*: «El resultado inmediato que obtendrás con una paciencia infinita será una profunda sensación de paz». Yo espero y confío que sea así. Por lo pronto, cuando siento que la paciencia se me agota, me digo: «Carola, paciencia, paciencia».

Cuando alguien te insista en que tu problema se resuelve con un poquito de paciencia, sonríe... ten paciencia.

Yo la veo muy bien, ¿no estarás exagerando?

Una cosa que debo reconocer de mis padres es que siempre dieron una imagen hacia afuera de perfección, de «todo está chévere». A estas alturas de mi vida aún amigos de mi época de la infancia me hacen comentarios sobre lo perfecta que era mi familia, y a veces no puedo hacer más que sonreír para no caer en explicaciones innecesarias.

Genio y figura, los dos siguen haciéndolo a pesar de todo lo que están pasando. Claro, quienes los ven o hablan con ellos solo lo hacen por unos minutos. Es como mis amigos de la infancia, que solo veían lo que pasaba del jardín hacia afuera. A veces, alguien de la familia llama a mi casa y les pongo a mi madre al teléfono. Ella contesta que está de maravilla, de lo mejor, que todo está muy bien. Cuando vuelvo a hablar con la persona, esta me reprocha que soy una exagerada, que lo que hago es quejarme, que ella escuchó a mi mamá de lo mejor y hablando coherentemente. En cinco minutos creen tener todo un retrato de lo que es la vida con mi madre, y en ese retrato mi madre está perfectamente bien.

El comentario infaltable, siempre que hablo con alguien que está en la misma situación que yo es: «ojalá vinieran a quedarse por lo menos medio día a echarnos una mano, con eso cambiaría drásticamente su diagnóstico de perfección».

Yo sé que son comentarios con toda la buena intención del mundo... pero no ayudan, no te quedes con ellos.

Ay, ¿qué te cuesta darle un poquito de café? Dale ese gustico

Cuando estamos en la situación de ser padres de nuestros padres, sueles recibir poca ayuda física, es decir, no conseguirás a alguien que venga a ayudarte a bañar a tu papá o a tu mamá, o a atenderlos durante la noche. Lo que sí consigues son los que yo llamo consejos exprés (más o menos como todos los que te he comentado anteriormente). Son consejos sabios, llenos de gran amor, pero que para ti, que eres quien tiene que asumir las consecuencias de todas tus decisiones, no funcionan.

Siempre hay alguien que te dice que deberías hacer tal o cual cosa en relación al cuidado de tus padres. Es inútil que les expliques que tal o cual cosa no funciona por tal o cual razón, porque en su mente tu situación no es tan dramática como tú la pintas, lo que pasa es que te «ahogas en un vaso de agua».

Voy a poner un ejemplo, y estoy segura de que muchos se sentirán identificados con la situación aunque no se refiera a lo mismo. Ya comenté anteriormente que mi madre fue una consumidora compulsiva de café con leche y eso fue lo que la mantuvo toda su vida con males de estómago, cuestión de la que nos enteramos muy tarde. Por eso eliminé el café con leche de su dieta y resultó muy bien. Mi madre recae en su malestar estomacal así sea con una mínima taza o con una cucharada de yogur o helado.

Por su condición, ella no recuerda la prohibición del médico ni las razones que tuvo para quitarle su bebida favorita. En su mente, ella insistirá en que le sirva su café y jurará que «ayer» ella tomó de lo más tranquila. Cuando alguien nos visita y ella pide su café con leche, y yo le doy jugo en su lugar, me enfrento a las críticas y comentarios: «ay, qué te cuesta complacerla con un poquito de café con leche, tanto que le gusta», «dale un gusto, no seas mala». En ese momento, ya las explicaciones no valen. Solo sonrío y le doy el jugo a mi madre.

Sé que muchos pasamos por esto. Como te he dicho antes, simplemente sonríe y sigue adelante... haz lo que sabes que funciona con tu mamá o tu papá.

¿Lo vas a poner en una casa de reposo? Tenerlo en tu casa es mejor

Una de las decisiones más difíciles de mi vida fue cuando me vi en la necesidad de llevar a mi padre a una casa de reposo porque físicamente yo no daba más con el cuidado de los dos. Fueron días de llanto y culpa por el peso que la sociedad, la religión, la cultura en la que vivimos se encarga de ir poniendo sobre nuestros hombros. Nadie puede entender cómo se siente un hijo cuando no le queda otra opción que poner a su padre o a su madre bajo el cuidado de otros. Por eso, cuando alguien me dice la frase con que titulo este aparte, me pongo la coraza de teflón porque no puedo permitirme dejarlos entrar en mi pensamiento.

Muchos califican de comodidad el decidir llevar a tu padre a una casa de reposo. Nada más lejos de la realidad. No es cómodo, ni es fácil, ni se lleva con una sonrisa. Es una situación que responde a unas circunstancias y así lo debes asumir. En mi caso, el tener que hacerme cargo de los dos, que los dos requieran de atención las veinticuatro horas del día, y otras circunstancias más, hicieron que esta fuera la decisión más viable y que resultara en beneficio para todos... más para mi padre, pues ahora tiene la atención que necesita y no la que yo con mis limitaciones físicas le podía dar.

¿Que hay gente que abandona a sus padres en estos lugares?, sí, un montón, pero también está una gran cantidad de hijos a quienes he tenido la fortuna de conocer que, como yo, visitan constantemente a sus padres, y en los momentos en que se encuentran hay más distensión y paz, hay ratos amenos, pues el cansancio, el estrés y la preocupación por su bienestar está fuera de la ecuación.

Cuando alguien me dice que lo mejor es que hubiera dejado a mi padre en mi casa y siguiera cuidándolo a él y a mi madre, le digo amablemente que sí, pero que antes necesito una semana de descanso, así que le pido que me eche una mano durante una semana y se encargue de cuidarlos a los dos como yo lo hago... Hasta ahora nadie se ha ofrecido.

Tristeza y culpa

Cuidar a una persona enferma no es fácil. Que esa persona sea tu padre o tu madre y además dependa totalmente de ti es mucho menos fácil. La tarea es titánica y lo envuelve a uno (por lo menos conmigo ha sido así) en una maraña de sentimientos encontrados que afectan todo... por no decir la vida en sí misma.

Son muchos los sentimientos, pero hay dos que creo que son los que afloran más frecuentemente en este camino que transitamos. La tristeza y la culpa parecieran ser compañeros que están constantemente ahí, dispuestos a mostrar su cara cada vez que les das permiso para hacerlo... y la mayoría de las veces sin él.

Es imposible, creo yo, dejar de sentir tristeza cuando ves que tus padres van cambiando poco a poco. Verlos pasar de ser personas independientes que te ayudaban y guiaban, a no poder vivir lo elemental sin que estés allí para hacerlo. Todos sabemos que nuestros padres se irán algún día, es la ley de la vida, todos vamos a morir, pero ser testigo de ese proceso cuando por razones de enfermedad se hace más patente, es duro.

También duele, y a muchas personas no les gusta que uno diga esto, perder las vivencias de tu propia existencia para dedicarte a servirles tiempo completo. En mi caso, he perdido salud, vacaciones, trabajo, momentos familiares que lastimosamente no volverán. He tenido que reacomodar mi ejercicio profesional, la forma de llevar las cosas de mi casa, mis relaciones con los amigos, mis momentos con mis hijos y mi esposo por tener que priorizar la vida de mis padres.

Acompañando a la tristeza he sentido a mi lado aflorar de vez en cuando la culpa. Cuando dejo que en mi cabeza se establezca una cháchara mental, una conversación perenne que me apunta con el dedo y me hace sentir verdaderamente mal. Ese sentimiento de culpa corre por varios caminos, para donde vayas te encuentra. A veces uno siente que pudiera dar más de lo que está dando (aunque cuando caes en la cuenta, tú mismo te preguntas: «¿más? ¿cómo?»); te sientes mal si te quieres tomar unos minutos para ti mismo; te sientes miserable cuando te dices: «quiero que esto acabe de una vez»; no sabes qué hacer cuando has perdido la paciencia y has levantado la voz; sientes culpa cuando dejas de compartir con tu esposo y tus hijos por atender a tus padres; te sientes horrible cuando la única idea que te pasa por la cabeza es la de salir corriendo y escapar de todo.

A lo largo de estos años he pasado por muchos estados de tristeza, culpa y otra cantidad de sentimientos. Siempre hay que buscar la forma de superarlos, de asumir que están allí y lograr que no se instalen permanentemente en tu vida. Yo he estado en terapia con psiquiatra, medicación por largo tiempo tanto para lo emocional como para la fibromialgia que se destapó al inicio de este camino; he hecho yoga, meditación, he leído autoayuda, he escrito... en fin, he buscado la manera de superarlo. Creo que lo he logrado bastante bien, pero no te puedo negar que hay momentos en que vuelve el *¿por qué a mí?* y el *¿cuándo se acabará todo* *esto?* La Alzheimer Association dice: «Aprenda a sentirse cómodo con las cosas que han pasado en su vida. Comience a cambiar las demandas o esperanzas irreales. Como el tiempo lo permita, involúcrese en actividades positivas que usted solía disfrutar años antes de iniciar su papel de cuidador... Aceptando sus sentimientos. Recuerde que sus sentimientos son normales para cualquier persona que se encuentre en su situación. Aprendiendo a reconocer y aceptar sus sentimientos, usted podrá superar la crisis por la que está pasando».

Cada vez que converso con alguien que también ha pasado por esta situación, me doy cuenta de que esos sentimientos no son exclusividad mía, o sea, que caen dentro de lo que se considera normal. No imagino que haya alguien que no pase por estos conflictos de sentimientos y que logre estar bien al 100 % todo el tiempo en una situación como esta. Si existe, por favor que me presenten a esa persona para seguir todos sus consejos y, de paso, escribir otro libro.

No estás solo

La cultura en la que cada uno se desenvuelve es la que impone ciertos modos de pensar y de comportarse. En la de mi país, y creo que gran parte de los países latinoamericanos, los temas de familia deben ser acompañados con caritas sonrientes. De la puerta de la casa para afuera todo debe lucir perfecto. Los trapos sucios se lavan en casa. A veces esos trapos sucios se van amontonando, y son la causa de muchos males en nuestra salud física y mental.

Como dije en un capítulo anterior, soy de las que cree que ninguna familia es perfecta. En todas hay ovejas de todos colores, no solo blancas y negras. Pero desde pequeños hemos escuchado que lo que pasa dentro de la casa se queda dentro de ella. Nadie tiene que saber que mamá hace tal cosa, o abuelo se porta de esta manera o mi hermanita es de lo peor. No. De la boca para afuera tenemos que mostrar un cuento de hadas donde todo está perfecto.

Para escribir este capítulo solicité la ayuda de mis amigos y conocidos. Sabía que iba a ser difícil, pero lo que en principio me resultó cuesta arriba porque no conseguía quien quisiera abrirse sobre un tema tan delicado, se convirtió después en una herramienta de catarsis tanto para ellos como para mí. Fue como si se hubiera abierto una válvula de escape que estaba contenida.

Muchos de ellos no sabían lo que yo estaba pasando, y debo confesar que he quedado sorprendida al conocer las cosas que ellos han superado o las que todavía viven.

Los sentimientos encontrados, los conflictos, la indiferencia de familiares, los problemas económicos, entre otros, son elementos que se repiten una y otra vez. Como dije al principio del libro, compartir con otros tu experiencia y encontrar comprensión porque transitan o han transitado el mismo camino es como un bálsamo que si bien no te alivia todas las penas, sí te llena el corazón de frescura. Y eso siempre es bueno.

No es fácil hablar de cosas tan íntimas como las que me contaron mis amigos, por eso les agradezco que se hayan ofrecido a acompañarme en esta aventura que estoy segura le servirá a otros, tanto como a nosotros. Por ser experiencias tan íntimas y personales serán contadas bajo nombres ficticios, como dicen en las películas: «para proteger a los inocentes».

Espero que este capítulo sirva de apoyo para quienes se identifiquen con las experiencias aquí narradas, y de información para aquellos que conocen a alguien en situaciones parecidas. Cuando pedí testimonios comenté que quienes pasamos por el trance de cuidar a nuestros padres ancianos enfermos no necesitamos paños de lágrimas, solo hombros que estén allí para apoyar nuestra mano cuando falta el equilibrio.

Noelia y Luisa

Mi madre tiene una enfermedad degenerativa del cerebro, parecida al Alzheimer, que colapsa las neuronas dejando un mapa blanco en las tomografías, que cada año se hace más grande. En los últimos diez años ha perdido la capacidad de reconocer a sus familiares, habla poco y con incoherencia. Tiene momentos de agresividad, y su estado físico ha decaído mucho, perdiendo la masa muscular y control de esfínteres.

Extrañamos a esa señora que siempre tenía una historia que contar y a todo le encontraba una explicación científica-educativa. Ya casi no habla, simula que te sigue la idea, pero es incapaz de articular una frase completa sin que olvide las palabras o de lo que estaba hablando. Su inmensa curiosidad que no paraba, la llevaba a leer y leer, a escribir libros, dar clases. Tiene años que no puede ni siquiera hojear una revista.

La enfermedad resaltó el peor lado de mi madre: su prepotencia. Esto hacía muy difícil el poder ayudarla. Solo ella sabía, ella hacía lo que quería, aunque fuera una especie de suicidio paulatino por el consumo de alcohol. Ella siempre fue una persona intelectual y muy estudiosa, por lo que me imagino que al saber el futuro que le esperaba, el pánico la alcanzó tratando de huir de su realidad y futuro. Y en la medida en que se degeneraba, su otra forma de escape fue inventar historias de su pasado que gustaba de contar a la gente en la calle, a la cual paraba para hablarle de sus éxitos profesionales imaginarios. Creo que Dios se apiadó de ella, cortándole la capacidad de entendimiento y memoria para que no entendiera su actual realidad y no sufriera más de lo que ya lo hace.

Por haber sido una persona muy independiente en su vida, resultó muy difícil ayudarla. Ella vivía sola en un caserío, a cuatro horas de camino del familiar más cercano. A los 50 años abandonó Caracas y buscó sus raíces en una casa diseñada por ella misma. La soledad la fue ahogando, producto de su misma condición degenerativa.

Por más que le insistimos en que vendiera la casa y se mudara a la ciudad, se negó. Al inicio de los síntomas negaba totalmente su condición y asistir al médico. Ella sabía que no estaba bien y su temor hizo que se refugiara en la bebida, que contribuyó a degenerar más rápido su cerebro. Cada vez estaba más agresiva y no permitía que la ayudaran. Acusaba a todos de que le robaban cosas que ella misma regalaba a sus conocidos. Así fue como al final perdió hasta su casa y todo lo de valor que tuvo alguna vez, con lo que se suponía iba a asegurar su vejez.

A duras penas, la pudimos llevar a una ciudad más cercana y tenerla en un apartamento y contratar gente que la cuidara, pero fue imposible. Se escapaba de casa y se perdía en las calles donde creció. Le pegaba a las personas que la cuidaban, quienes renunciaban con mucha frecuencia. En más de una oportunidad mis tías tuvieron que llamar a los bomberos para que rompieran la puerta de la casa para encontrarla inconsciente por la bebida.

La llevamos al país donde yo había fijado mi residencia, a mi casa, para probar. Pero era muy difícil de atender. Al no tener dinero para contratar personal, entre mi hermana y yo lo hacíamos. A mí me costaba mucho porque trabajo casi doce horas al día, así que me tocaba atenderla las noches y los fines de semana. A las tres semanas estaba hecha un zombi porque por lo menos una vez en la madrugada había que bañarla y cambiarle las sábanas, además de lidiar con su agresividad porque se negaba a bañarse.

La paciencia era el poder que más llamaba a mí. Ella era una niña de cinco años con rabietas, con la fuerza de una mujer más grande que yo. Tratar de convencerla era un reto. Hablarle suave y con cariño otro. Pero saber que no era ella, sino su enfermedad la que se expresaba me ayudaba a lidiar con ello. Otras situaciones que he vivido me han llevado a entenderla. Es una niña muy asustada en un cuarto oscuro lleno de monstruos imaginarios. Está llena de dolor, rabia e indignación. Así que llevarla de la mano y tratar de sobreprotegerla para que no se quebrara era la forma como yo me acercaba a ella. No niego que a veces la paciencia no estaba en mí y le hablé duro, pero luego me arrepentí.

Lo más difícil era complacerla. Cada dos minutos cambiaba de parecer. Nos pedía que la paseáramos y apenas estábamos saliendo ya quería regresar. Si lograba ir al supermercado, se paraba a hablar con todos los niños en el camino cual Mary Poppins y los padres la veían con recelo y armaba un berrinche si intentaba separarla. A cada rato pedía ir al país donde resido estando ya allí, o que la dejaran en el terminal de buses para ir al pueblo donde vivía. Era un constante desasosiego, ella que no quería estar en ningún lado y a la vez en todos. Si la llevábamos a comer a un restaurante, terminaba regañando al mesonero y quería ir a la cocina a enseñarles a cocinar. Otro reto fue mantenerla lejos del alcohol. Finalmente y con mucho dolor, y al no poder seguir el ritmo de atención, mi hermana y yo tuvimos que enviarla a Venezuela.

No podía volver a una casa sola, porque no se dejaba atender y ante el temor de que terminara en la calle o peor aún, desapareciera, como fue el caso de un amigo que su madre salió al mercado y encontraron su osamenta seis meses después en un monte, los hijos decidimos internarla en una casa de cuidados. Casi todos sus hijos vivimos en el exterior por la situación del país, lo que agrava aún más ese sentimiento de dolor y culpa. Con el añadido de haber vivido el periplo de encontrar un buen lugar.

Uno de sus hijos la llevó a una casa cerca de donde él vivía. Allí le indicaron que debía alejarse de ella y no comunicarse para que se adaptara. Era una cárcel y ella lo decía. La pobre la pasó muy mal y sus hermanas al visitarla nos pidieron que la cambiáramos de sitio. De allí la trasladamos a un centro de cuidado en la ciudad donde vive la mayor parte de la familia. Al principio todo funcionó bien, ella era bien atendida y había otras señoras con quien conversaba, pero siempre deseaba irse de allí. Poco a poco el centro se fue llenando de pacientes y decreció la calidad de atención, la tenían amarrada casi todo el día en una silla y bajó drásticamente de peso por la mala comida que le daban, y una gran úlcera se apoderó en su espalda baja. Se estaba muriendo. En pocos meses pasó a ser un palillo que necesitaba de una silla de ruedas.

Sus hermanas encontraron un nuevo lugar, con menos personas y mejor atención. La llevaron allí, en donde se recuperó de las heridas y comenzó a comer, pero el deterioro físico y mental ya se había profundizado. Todo marchaba bien, hasta que los dueños del negocio, al no poder manejarlo, se fueron sin avisar, dejando a los empleados encargados. Fue una total crisis, que finalmente tuvimos que afrontar los familiares. Nos organizamos y se maneja en una especie de cooperativa, algunos fueron retirados porque al conocer cuánto debían aportar para que funcionara el centro no podían pagarlo. Los costos se incrementan por la inflación, quedan apenas cuatro pacientes y todos los meses estamos en la línea del cierre, lo cual agrega angustia. Y a eso suma encontrar los alimentos, y la inseguridad, pues el centro está ubicado en un lugar bastante peligroso. Si este lugar cierra, no sabemos a dónde llevarla.

En estas situaciones es cuando puedes comprobar la solidaridad de la familia. Solo sus tres hermanas menores y una sobrina son sus ángeles guardianes, han sido una bendición porque se han ocupado de ella, al no estar nosotros allá. Ellas la van a ver semanalmente, le buscan medicinas, los pañales, productos de aseo y alimentos. También la llevan al médico y la mantienen sana. De cinco hijos, solo tres nos preocupamos por ella, los otros dos, quienes viven en el país, hicieron mutis total e indiferencia, como que no existiera. Los que vivimos afuera la llamamos, enviamos el dinero para mantenerla, las medicinas y otras cosas que no se consiguen en el país. Y unos primos, a los que ella le prestó un apartamento en Caracas cuando estaban en las malas, se niegan a desalojarlo para que podamos venderlo y traerla con nosotros.

Mi hermana y yo procuramos viajar para verla. Pero siempre discutimos sobre cómo podríamos llevárnosla, y los números no dan por más que busquemos maneras. En particular me hace sentir muy mal, porque se trata de un tema económico. El país donde vivo es muy costoso y pagar a alguien también, sin contar con las medicinas que valen una fortuna. También me genera angustia que sean sus hermanas las que llevan el mayor peso, cuando son personas que tienen sus propias vidas que atender. Ella no se merece esta vida que el cuerpo y su mente le está dando.

La familia se ha convulsionado por esta situación. A veces las peleas se acrecientan entre las partes. Los hermanos nos hemos separado, no nos hablamos. Los nietos favoritos y consentidos nunca han ido a verla. Las tías ausentes e indiferentes las tenemos de lejos. Con los primos aprovechados tenemos una demanda legal. Entre los familiares que manejan el centro nos hemos liado por temas de gerencia y administración. Pero a la vez ha sacado a relucir lo mejor de los que han estado allí, en especial de las hermanas que la han protegido a capa y espada.

Para mí es una lección de vida valiosa. Me ha permitido pensar en mi vejez, que ya está por llegar, lo que representa a la familia cercana. Lo que significa decidir estar sola completamente y alejada. Muchos de los pasos de mi madre los he seguido, y aún estoy a tiempo de cambiar. El amor de la familia es la prioridad. Todos dependemos de todos. Y si uno está mal, el resto está mal, aunque no se viva con él. Y la lección más importante, nada te garantiza que no te pasará a ti.

Elizabeth y Ofelia

Mi madre tiene una condición que yo llamo «vida paralela». Eso es lo que ha sido el Alzheimer en nuestra vida, la creación por parte de mi madre de una vida paralela en la que nosotros la observamos desde fuera.

He reconocido a mi madre en características que siempre estuvieron con ella y que no me tomaron de sorpresa ni puedo decir que sean producto de su enfermedad, pero sí se han acentuado en este proceso. Mi madre fue una mujer muy dependiente, siempre ha tenido una cantidad de miedos y ha habido una frase que le ha sido muy fácil expresar: «no puedo».

Lo que más extraño y siento que esta condición me ha quitado es el tener una mamá, ya no tengo una madre, y la extraño mucho.

Luego de cuidarla en casa por un tiempo decidimos que era el momento de conseguir un lugar donde la cuidaran tiempo completo, pues ya la situación en casa estaba fuera de control; todo dependía de cómo estuviera mi mamá, lo que afectaba a la dinámica familiar en general. Con esta decisión esperaba procurar calidad de vida para ella y, por supuesto, para mí, de esta forma rendiría mejor no solo para mí misma, sino para los demás. Mientras la cuidábamos en casa el sentimiento de impotencia era muy grande. Por mucho que hacíamos no teníamos resultados. En el fondo, creo que todos esperábamos una evolución... y eso no llega nunca. Nos costó mucho aceptar esto.

Tomar la decisión de llevarla a un lugar de cuidado no fue fácil, fue un proceso que comenzó con aceptar la enfermedad de mi madre. Mi mamá está en una vida paralela en la cual no puedo entrar. Sentí una fuerza interior por el bien de ella y el mío propio. Sabía que era lo correcto. Pero no lo más fácil.

En mi caso no sentí culpa por internarla, pero sí sentía mucha culpa cuando no lograba levantarla para llevarla al baño y cada vez que se caía por que yo no lograba aguantar la. Allí la culpa me mataba, pero cuando decidí internarla sentí alivio.

Hay situaciones en las relaciones con la gente en las cuales sientes que no te entienden, y muchas veces te molestas ante ciertas cosas. Siempre sentí mucha rabia cuando la gente me decía «ten paciencia». Yo tengo mucha paciencia, pero soy un ser humano común que se agota. Cuando eso me pasa me veo como una persona normal que está haciendo lo que debe, y una persona normal también tiene momentos de rabia. Además de tener que hacer mi vida, tengo que asumir la de mi mamá.

Aún más detesto cuando me dicen: «es como un bebé». ¡Nooo!, es un adulto que además es mi mamá. No es igual bañar a un bebé que a un adulto. Cuando la gente te dice eso demuestra no saber la realidad del Alzheimer.

La familia siempre es afectada cuando hay una enfermedad de este tipo. Nuestra rutina de vida cambió. Mi esposo, mis tres hijos y yo asumimos que la situación es difícil, no puedes paralizar tu vida, y, sin embargo, se trastorna. Todos colaboramos buscando lo mejor para todos.

Nunca he sentido realmente que sea la madre de mi madre. Me siento la hija de Ofelia, la madre de mis hijos y la esposa de mi esposo. Es por eso que me hace mucha falta. Son responsabilidades hermosas y diferentes e intensas. Mi mamá en este momento me necesita de forma especial.

La enfermedad de mi mamá es muy difícil y muy larga, no existe la reversión. Siento que tengo que aceptar que mi mamá se fue sin darme cuenta.

Julia y Marco

Mi padre sufría de Alzheimer. Esta condición hizo que en algunas situaciones se tornara agresivo y violento. Paradójicamente, esa misma condición cambió a mi papá si se quiere para bien. Antes de la enfermedad mi padre fue un hombre seco, no manifestaba sus sentimientos, aun cuando en cuanto a responsabilidades del hogar fue el número uno, pero a medida que pasaba el tiempo y avanzaba la enfermedad, la manera de actuar y de manifestar cariño de parte de él fue cambiando, se tornó un hombre dulce y cariñoso.

Siempre lo cuidamos en casa, pero con ayuda de personas ajenas a la familia. A pesar de que la situación se tornaba cada día más compleja, mi madre siempre la mantuvo bajo control, pero con la ayuda de toda la familia, porque es necesario, aunque no quieras, ser partícipe de ella.

Como hija, la situación realmente no era fácil. Uno tiene un gran compromiso con los padres, pero con una situación como esta descuidas a tu propia familia, entonces, te encuentras en una situación compleja, pero yo siempre, a pesar de las responsabilidades en mi casa, mantuve mi entrega a mi padre en primer lugar, y le cumplí hasta el último respiro de vida.

Cuando estamos en esta situación nuestra energía la tenemos que enfocar en tener paciencia y a esta la entiendo como mantener la calma, ser comprensivo, tolerante, entender y aceptar la situación. Es la manera como creo que se puede ir superando.

Hay momentos en que la paciencia no es suficiente y es necesario alejarse del sitio, respirar profundo y, con seguridad, pasa. La persona enferma está indefensa, frágil, y es con la ayuda de la familia que pueden llegar a tener una vida.

Gracias a mi madre, que aún vive, la situación se tornó fácil, pero tener a nuestro padre en esa condición claro que afectó la cotidianidad, el día a día. Cuando esto pasa, en el hogar se tienen que implementar cambios profundos en todos los ambientes, dígase habitación, baños, etc.

No me sentí madre de mi padre, sencillamente se siente que tu padre en esos momentos necesita de ti, ya es una persona débil, indefensa y depende de ese hijo fuerte, para ayudarlo a seguir adelante.

Manuel y Luisa

Mi madre no tiene enfermedad mental actualmente. Ha estado en tratamiento psiquiátrico anteriormente, pero ha superado su problema. Tiene algo de demencia senil normal para sus 87 años, pero en general su memoria está bien conservada. Físicamente, tiene la visión muy disminuida por degeneración de la retina. Tiene dificultades motoras por fractura de su cadera izquierda (prótesis de cadera).

Con el paso de los años se ha acentuado en mi madre la manipulación, por lo que a veces se comporta como una niña malcriada. Su personalidad ha cambiado muy poco, aunque, normal para su edad, extrañamos su iniciativa.

A mi madre tuvimos que internarla por varias razones. Una de ellas fue la económica: el gasto de mantenerla en su casa era excesivo por la poca colaboración del resto de la familia. Las condiciones de vida comenzaron a desmejorar y observamos maltratos por parte del personal que la cuidaba. Conseguir cuidadoras idóneas se hizo realmente imposible. La situación del país también fue una razón importante para tomar la decisión, pues conseguir alimento para ella y dos personas no era fácil.

Aparte de todo, también estaba mi propio desgaste. El cuidar de otra casa, conseguir alimentos y vigilar al personal, entre otras cosas, me hacía imposible trabajar y llevar una vida regular.

Si bien antes de internarla su situación no era mala, sí era de elevado estrés. Peleaba mucho con las cuidadoras (lo cual no me decía para no molestarme), y extrañaba mucho al resto de la familia que poco la visitaba.

Cuando se toman decisiones como esta siempre hay sentimientos encontrados. Hemos sido educados en una sociedad matriarcal, «la madre es sagrada, hay que mantenerla siempre al lado», casi fetichista. Herencia ancestral, los viejos de la aldea mantienen la tradición y sabiduría de la tribu. Estas son ideas muy acentuadas en nuestra sociedad.

Al principio sopesé los beneficios que pudiera tener este traslado versus lo anteriormente expuesto. Mantuve su casa operativa para devolverla si no resultaba el internarla. La buena adaptación de ella a pesar de los defectos y fallas que pueda tener el sitio han aliviado cualquier sentimiento de culpa que pudiera haber tenido, aunque extraño verla con más frecuencia.

Las enfermedades mentales a edad avanzada o en la infancia son de difícil manejo. El control idóneo de estos grupos requiere de entrenamiento profesional que no tenemos la mayoría de las personas. Trabajamos bajo ensayo y error, y son más los errores. La paciencia es una de las características que deben tener las personas que se encargan de nuestros ancianos enfermos. No es una virtud, se adquiere con entrenamiento. Yo no la tengo. Hay muchas otras características que deben tener los cuidadores y se adquieren con entrenamiento.

Nuestra familia no ha sido afectada. Todos hemos visto una mejora de su calidad de vida, por lo que nos sentimos tranquilos en ese aspecto. Inclusive, se ha logrado que algunos familiares se acerquen más a ella.

El que mi madre dependa más de mí no cambia mi estatus de hijo. Soy más jefe, pero no el cacique.

El premio que te da la vida por tener buena salud es la vejez y sus consecuencias.

Carmen y Elena

Mi madre tiene arteriosclerosis, muy poca movilidad, usa silla de ruedas cuando vamos a la calle. En casa debería usar la andadera, pero no la usa y prefiere andar apoyada de las paredes. Está en mi casa desde la muerte de mi padre, a quien cuidé durante toda su enfermedad hasta que falleció. Él me pidió que cuidara a mi madre.

Con su condición, en mi madre se ha intensificado el mal humor. La enfermedad hace que tenga lagunas mentales y episodios de rabia extrema en los que me insulta y me dice que no soy su hija; a los pocos minutos me dice que soy una mentirosa, que ella jamás me ha dicho eso.

Extraño su buen humor y su capacidad de reírse de ella. Eso ha cambiado radicalmente. Ahora está taciturna, llorosa, ingrata.

Cuando escribo esto, mi esposo está fuera del país para tratar de superar su depresión y yo he descansado de él. Mientras él estaba era muy tensa la situación porque él no entiende que debo atender a la más vulnerable que es la anciana. Él piensa que mi madre me manipula y que es mentira su comportamiento.

Estoy llena de paciencia con mami, entiendo su enfermedad y hacia dónde vamos. Asumo sus limitaciones y procuro hacerle la vida fácil. Me desespera que mi esposo no entienda que no tengo otra opción que cuidar a mi mamá. Aunque a veces mi hermano se la ha llevado a su casa, ella no se siente bien porque allá no sale del apartamento.

Para mí, paciencia significa que debo respirar y seguir. Cuando se me acaba la paciencia: lloro. No soy una santa, me desespera que no quiera usar el pañal y termine desnuda en el suelo de su cuarto llena de orines. Paso el rato llorando, pero dando la cara y limpiando lo sucio sin reprocharle (he aprendido que regañarla no soluciona nada, el pipi sigue ahí y ella entonces, empieza a llorar porque la estoy regañando y es peor, porque nos sumimos en un mar de culpas sin solución).

Esta situación por supuesto que afecta a la familia. En mi caso, mi esposo huyó, mis hijos viven fuera del país y solo pueden dar apoyo moral, que sirve de muy poco. Me toca sola echarle pichón.

Ahora siento que soy la mamá de mi mamá. Tengo una niña pequeña de 83 años en casa. He encontrado ayuda en varias personas amigas, una de ellas es la mejor amiga de ella. La llevo a su casa y la dejo allá para que conversen. Mamá se relaja y descarga su frustración y dolor por la muerte de papá. Cuando regresa de allá viene tranquila y hemos logrado llevarnos mejor.

Eloísa y Jesús

A papá le han dado múltiples ACV isquémicos que han afectado el frontal parietal. Esto ha incidido en su temperamento y carácter. Aun cuando él camina, come solo, tiene conciencia y movimiento total de su cuerpo, quedó afectada su visión periférica y el oído izquierdo total y el derecho parcialmente. También perdió sensibilidad corporal en la espalda y el habla, se puede expresar, mas no concreta las ideas.

Su enfermedad ha intensificado su carácter. Es terco, soberbio, se inventa historias y las relata con seguridad acusando a los hijos, nietos y a las personas que lo cuidan. Ese carácter lo lleva a salirse del apartamento o del sitio donde esté, por la rabia. De su personalidad extraño su jocosidad, su actividad, su ecuanimidad.

La situación en casa es bastante triste, pues a pesar de que somos ocho hermanos nunca hay tiempo y acuerdos para atenderlo. Cada uno tiene sus razones y se generan conflictos para establecer el cuidado de mi padre; el tiempo, el esfuerzo, la parte económica, todo es motivo de discusión y poco acuerdo.

En lo personal, los sentimientos son más que todo de rabia. Veo en algunos de mis hermanos soberbia, incomprensión, insensibilidad, falta de amor a papá.

No lo hemos llevado a una casa de cuidado porque mi hermana menor no ha querido, es por ello que asume todos los gastos de papá en un apartamento y con personas que lo cuidan. Hemos asomado esa posibilidad, pero no hemos llegado a un acuerdo.

Creo que cuando se tiene un familiar enfermo en esta circunstancia es fácil para los demás decir que debemos tener paciencia, pero la realidad es que la paciencia se agota porque el cuerpo, la mente se agota, se enferma y más que ayudar lo que se hace es entorpecer la situación. Es difícil atender y cuidar un enfermo cuando estás cansado, agotado, rendido. Se quebranta la salud física, mental, emocional y familiar.

Esta situación ha afectado a la familia muy negativamente. Estamos distanciados, no nos hablamos sino a través de mi hermana que vive en el extranjero. Esa enemistad conlleva a que algunos hermanos no podemos ver a papá porque el apartamento es de nuestro hermano mayor y para evitar situaciones incómodas no lo visitamos. Hemos hecho cronogramas para el cuidado de los fines de semanas y se cumple por poco tiempo porque los que viven cerca de papá dicen que si los que estamos lejos no lo cuidan, ellos tampoco. No hay comprensión en el caso de la falta de tiempo y dinero de los que vivimos lejos.

El último ACV que sufrió le afectó mucho más el carácter y la sensibilidad. Ya no controla esfínteres, el carácter es muy agresivo, con todo y todos. No se quiere tomar el tratamiento; no quiere bañarse pues como no se ve, no huele y no siente, no sabe que es necesario hacerlo. Esto hace que se moleste y para evitar problemas de presión arterial y de corazón no se le obliga. Considero que influyen los sentimientos y la inexperiencia es estas situaciones. Hace falta preparación para atender estas situaciones, y no todos la tienen.

Mariela y Gustavo

Mi madre falleció un poco antes de cumplir 48 años. Sufrimos la agonía de un cáncer de pulmón con metástasis que fue deteriorando poco a poco su salud y requiriendo de nuestra atención las 24 horas del día.

Mientras evolucionaba la enfermedad y se daba cuenta de que necesitaba la ayuda de toda la familia para hacer hasta las cosas más básicas, como hacer sus necesidades fisiológicas, ella se deprimía y muchas veces se molestaba con ella misma. Supongo porque siempre era ella quien se encargaba de todo y más bien ayudaba a los demás.

Durante su enfermedad extrañaba su sonrisa y sus sonoras carcajadas, que por cierto quedaron grabadas en un loro que teníamos de mascota.

En casa todo se hacía en función de mi madre. Cada miembro de la familia aportaba parte de su tiempo para cuidarla. Nos turnábamos durante la noche, aunque mi papá nunca cumplió el sistema de guardias ya que se quedaba todas las noches sin descanso. Luego de fallecer mi madre siempre le costó dormir una noche completa.

Era muy frustrante ver que ni haciendo todo lo humanamente posible mi madre se recuperaría. Primero porque la enfermedad estaba muy avanzada, y segundo porque ella no tenía fuerzas para soportar tanto. El cansancio físico y mental es constante. Se requiere de mucho apoyo para atender de forma cabal a un enfermo.

Si bien no fue nuestro caso tener que internarla en algún lugar de cuidados, el mayor reto fue asumir que ya no había nada que hacer y que mi madre debía ser tratada con respeto a lo inevitable. No quisimos conectarla a bombonas de oxígeno porque sentimos que era alargar más su agonía, pero sí optamos por medicamentos que aliviaran su dolor. Hicimos todo lo que pudimos y aceptamos que Dios tenía un mejor lugar para ella donde el sufrimiento no tenía cabida. No debíamos ser egoístas y mantenerla con nosotros a como diera lugar, no era sano ni para ella ni para nosotros.

La paciencia es entender que lo que pasa es así y ya, sin porqués. Es tener la suficiente tolerancia para llevar las adversidades a buen término. En esos casos es donde renace la fuerza espiritual que muchas veces dejamos a un lado.

Cada miembro de la familia debe ajustar su día a día a esta situación. Si bien hay tiempo para el trabajo, la casa, los hijos, amistades, etc., todo esto debe ajustarse a que tienes a tu madre en una situación que no puedes dejar a un lado o que no sabe de esperas. No se puede apretar un botón de pausa y decir «la atiendo más tarde cuando termine lo que estoy haciendo». Es nuestro día a día el que debe detenerse para poder atenderlos a ellos.

En mi caso, tuve que asumir muchas acciones que mi madre en su momento hizo conmigo como bañarla, darle de comer, estar pendiente de sus medicinas, bajarle la fiebre, llevarla a sus consultas y terapias, etc. Sin embargo, no lo siento como asumir un papel de madre o padre, sino como hacer por ellos lo que hubieran hecho por nosotros sin que fuera una obligación, como una manifestación de agradecimiento. Muchas veces tuve que regañarla para que comiera o se tomara alguna medicina, pero son acciones drásticas porque quería su bienestar.

Alicia y Pedro

A mi padre hace nueve años y medio le dio un infarto. Tenía cincuenta años. Al año y medio tuvo un accidente cerebrovascular (ACV). Ya mi madre había fallecido a los 38 años de cáncer mamario luego de luchar durante cinco años.

Muy jóvenes mis hermanas y yo ya habíamos vivido esta situación, porque nos tocó cuidar a mami, en especial en las etapas de quimioterapia y en etapa terminal con ayuda de dos tías y mi abuela.

En los días que no son caóticos, mi padre se muestra más paciente, más tranquilo, relajado, como aceptando su situación. Más cariñoso, pendiente de todos los integrantes de la familia. De momentos, más alegre, en especial con los nietos. Mi padre siempre ha sido de mal carácter, y cuando amanece (yo deduzco que decaído y hasta deprimido) responde mal, maltrata verbalmente, grita, no se quiere bañar, ni comer, negado completamente a lo que se le proponga. También se ha puesto obsesivo con el baño, con la comida, con su habitación y otras cosas más. Si se le cambia la ubicación de algo o la rutina, se altera y se molesta.

Extraño su disposición a asumir con valentía lo que se le presentara. En los primeros años de padecer la enfermedad tuvo mucha voluntad, pero con el tiempo la ha perdido. No es para menos, no debe ser fácil aceptar estas enfermedades y menos a la edad en que él comenzó a padecerla. Lo sacan de su vida normal, y de un día para otro lo pone en una situación de dependencia y de inutilidad para todo lo que le rodea (así me lo hizo saber en una ocasión).

La situación en casa, en términos generales, ya es más tranquila, desde el punto de vista de no tener que salir tantas veces al año de emergencia a una clínica. Los primeros años fueron muy fuertes entre subidas de tensión, crisis convulsivas, y secuelas que le deja la enfermedad (diabetes, insuficiencia renal, entre otros). Ya en este momento es más estable. Sin embargo, las crisis convulsivas le dan, pero ya sabemos cuáles pueden ser las razones y tratamos de manejarlas.

Como vivo con él, debo planificarme cuando debo salir por varios días fuera de casa, ya que no puede quedarse solo. Hay que cocinarle y acompañarlo. Entonces, debo coordinar con mis hermanas para que ellas estén pendientes los días que yo no esté en casa. Hasta eso uno pierde, libertad para decidir qué hacer y qué no en cuanto al tiempo. De hecho, al año de darle esta enfermedad, me divorcié y mi exesposo mencionó que una de las razones era la situación de enfermedad de mi padre, en especial por el tiempo que yo debía dedicarle.

El primer año de la enfermedad, mi padre estuvo en silla de ruedas aproximadamente tres meses por presentar hemiparesia izquierda. Eso implicaba ayudarlo para todo y dependencia total de él con nosotras, a excepción de comer porque podía comer solo. Hoy día, cuento con una pareja que me apoya y se lleva bien con mi padre, conversan, es una distracción de momento para papi. También me ayuda en la búsqueda de medicinas que es muy difícil actualmente. Mi actual pareja me entiende porque vive una situación similar: uno de sus hijos es cuadripléjico. Solo nos comprendemos quienes hemos vivido estas situaciones.

A mí me aflige muchísimo la situación de mi padre porque anhelo que él estuviese bien. Él perdió hasta su pareja de ese momento, su trabajo. Era muy independiente, y debe ser muy duro el cambio de su vida. Por otro lado, me genera tristeza, rabia, frustración, porque hay cosas que deseo hacer, y no las he podido lograr porque me ha tocado hacerme responsable por él, y por más que trate de hacer el máximo esfuerzo, en ocasiones humanamente, físicamente, no puedo. Esto llega hasta ser enfermizo emocionalmente, porque se crea una relación de dependencia mutua, que efectivamente no es sana y que en momentos es inconsciente. No es fácil separar áreas de tu vida en estas situaciones. También hay sentimientos positivos como la alegría de que mi hijo pueda disfrutar de su abuelo y tengan una relación estrecha. Esto me ha permitido enseñar a mi hijo a tener respeto y compasión por personas que se encuentran en la situación de mi padre.

Aún está en casa. Aunque hubo momentos en que se planteó la posibilidad de llevarlo a una casa de reposo, no tuvimos el valor de hacerlo. Manejamos la situación como podemos. Cada una sabe en qué momento puede hacer mejores aportes para sobrellevar la situación. Hoy en día las tres tenemos hijos y parejas. Afortunadamente vivimos muy cerca.

Cuando se planteó la posibilidad de internarlo hubo mucha tristeza e incertidumbre, miedo. Estaba pendiente del qué dirán, porque no es costumbre de la familia (ni materna ni paterna) dejar a familiares en estos sitios, sino dedicarnos a cuidarlos hasta de manera exclusiva.

Yo he sentido culpa simplemente con dejarlo solo un fin de semana. Me estreso muchísimo, pero lo manejo, porque debo tener espacio para mi familia y para mí. Trato de leer mucho de automotivación; no es fácil conjugar tantos papeles en familia y tantas responsabilidades emocionales.

Para mí la paciencia es un estado de paz interna que te permite fluir en cualquier situación, saber esperar, y muchas veces se conjuga con el amor. Pero los seres humanos por mucha meditación o yoga que realicemos, la paciencia se nos escapa en momentos, y cuando se trata de familiares enfermos, y en mi caso de tan mal genio, la perdemos en cuestión de segundos. Me he llegado a sentir tan enferma emocionalmente como mi padre, le he gritado, nos hemos golpeado, y eso me hace sentir terriblemente mal, pero ya es una situación extrema. Sus médicos siempre nos han dicho que requerimos de ayuda psicológica y hasta psiquiátrica, pero se hace cuesta arriba, con tantos gastos en medicinas, alimentación, fisioterapia, y es hasta dedicar casi 100 % del tiempo a esto, cuando debo cuidar a mi hijo que requiere atención y tiene apenas cuatro años de edad, y debo trabajar y atender el hogar.

Esto cambia mucho la vida de cada uno, desde el que padece la enfermedad hasta los cuidadores. Incorporar en tus quehaceres diarios las necesidades de ellos, como medicina, dieta, visitas a médicos, entre otros. Y si se presentan emergencias, pues enfrentarlas y en estos casos pareciera que comenzaras de nuevo. Siempre está latente el temor de que vuelva a repetir un ACV. Por otro lado, por ser una enfermedad degenerativa, pues ves el deterioro de esa persona que amas.

A veces siento que soy la madre de mi padre. Incluso desde que enfermó mi mamá, me tocó ese papel. Soy la mayor de tres hermanas, nos tuvimos que unir mucho y apoyarnos. En mi caso, me criaron muy sumisa, y esos discos es muy difícil cambiarlos porque son los primeros años de vida, sin embargo, aquí voy. También tuve que asumir el rol de madre para con mis hermanas, en especial la menor. Mi padre en ese momento trabajaba todos los días y realmente como los matrimonios de antes muy machista y desconectado de la crianza de los hijos. Una época dura, porque el canal de comunicación entre él y nosotras era mami. Hoy día, con papi, pues manejarle todo, llevarlo, traerlo, buscarlo, ayudarlo con su aseo personal (no tan extremo, pero sí hay cosas en las que debo ayudarlo como cortarle las uñas, ayudarlo a salir del baño), limpiar su habitación, limpiar su baño, llevarlo a controles médicos, buscarle medicinas, ayudarlo a decidir en ocasiones, manejarle sus cuentas bancarias, hacerle gestiones, etc., que son cosas que solo se le hacen a los hijos mientras salen del cascarón.

Amamos a nuestros padres, hijos, pero la vida sigue, no se detiene, y en estas situaciones, parte de nuestras vidas se paraliza. Al vivir esto, es inevitable no pensar en cuando nos toque, pero no deseo que mi hijo detenga parte de sus sueños por mí.

Soledad y Antonio

Mi papa sufrió durante muchos años de tensión muy alta, esto ocasionó que su corazón se deteriorara y hubo que ponerle un marcapasos. Por supuesto, le mandaron una gran cantidad de medicamentos y dieta muy estricta porque ya había comenzado a tener problemas renales. Eso lo deprimió muchísimo y creo que al final eso fue lo que lo mató.

Con su situación de salud se intensificó un sentimiento de profunda tristeza en mi padre.

Comencé a extrañar nuestras conversaciones, sus cuentos y alegrías. Él siempre me hacía reír mucho. Mi casa que era iluminada, llena de gente, fiestas, alegrías, se convirtió en un sitio oscuro y silencioso. Triste.

Yo no quería llegar a mi casa. Atendía a mi papá en las mañanas antes de irme a trabajar, cuando regresaba y los fines de semana para que mi mamá descansara. Muchas veces perdía la paciencia y peleaba con mi papá y luego no podía con el arrepentimiento. Todavía lamento esas peleas y sigo llorando cuando las recuerdo.

Yo asumí muchas responsabilidades con su enfermedad, todas las decisiones pasaban por mis manos. Tenía estrés constante lo cual ocasionó que yo comenzara a padecer de diabetes. Al final fui yo la que le tuvo que decirle a mi mamá que mi papá había muerto.

Cristina y Ana

Mi madre de 86 años es paciente maníaco depresiva. Fue diagnosticada hace treinta años luego de varias crisis depresivas, estados de autismo voluntario e incluso demencia temporal.

Su condición la ha llevado a perder las ganas de vivir, dejó de cocinar, de compartir con sus amistades, de sonreír, de hacer una vida con rutinas, se hizo dependiente. Físicamente ha reducido masa muscular, progresivamente está perdiendo el control de sus esfínteres, osteoporosis severa, tiene huesos de cristal.

Sufrió una fractura en la columna, se asiste con una andadera y una faja ortopédica. Aun así, puede hacer sus necesidades sola, bañarse y lavar sus dientes, pero necesita la atención permanente de personas a su alrededor para sus cuidados, alimentación y compañía.

Mamá era emprendedora, alegre, bailarina, anfitriona, excelente cocinera, próspera, querida por todos, incansable... eso extraño de mi madre.

A raíz de esta situación hay separación de la familia, reproche, mucho gasto, angustia por la búsqueda de los alimentos y las medicinas. Como hay que brindarle atención a tiempo completo, el tiempo individual falta, hay inasistencia laboral y descuido de los asuntos personales. De cuatro hijos, solo dos nos encargamos de mamá. Paradójicamente, los que recibieron mayor atención, amor y dedicación de ella, no la atienden, y cuando lo han hecho ha sido por obligación, contando los días para entregarla.

Cuando mamá está en casa te cambia la vida, horarios, hábitos de comida, salidas, olores de la casa, espacios, hasta el mobiliario debe acondicionarse para ella... es como si volvieras a tener un bebé, pero que razona, manipula, habla, se queja, no agradece y no puedes cargarlo y llevarlo a una guardería o contigo.

En el caso de mi hermano perdió la intimidad con su esposa... de hecho duerme en la habitación de mamá cuando ella está con ellos.

Tengo sentimientos encontrados. Por un lado siento agradecimiento a Dios de tener a mi madre viva y valiéndose por sus medios. Agradecimiento a mi madre por su fortaleza, por lo que representa, por sus enseñanzas, por su ejemplo, por su amor y protección. También felicidad de saber qué me espera.

Por otro lado, siento tristeza, impotencia, rabia, culpa, dolor, agotamiento, cansancio, desprecio por mis hermanos que no colaboran, mezclado con compasión, amor, ternura, reflexión, reto, aprendizaje, silencio y proyección a futuro, ¿cuando yo envejezca me gustaría esto?

Lo he compartido con mi hermano y nos hemos sentido miserables muchas veces, porque cuando todo pasa, la ves tan indefensa, tan frágil y hasta amnésica de lo ocurrido, como una mascota, y minutos antes habías perdido el control, el entendimiento, la tolerancia... porque has tenido que limpiarla hasta cinco veces, cambiarle pañales (que no se consiguen), bañarla para quitarle el mal olor (con jabón que no se consigue), lavar la ropa, la alfombra y todo lo que ensució en esa manifestación de nervios desatados por cualquier cosa: una llamada de mi hermana en estado permanente de víctima, una espera prolongada a que yo llegue, un viaje de quien la esté cuidando, una consulta médica, una visita inesperada, la muerte de alguien querido conocido, o simplemente la falta del medicamento por el desabastecimiento. Hemos pensado en la posibilidad de internarla como última instancia. Mamá está muy lúcida y dice: «si me llevan a un ancianato o algo parecido me muero», y conociéndola, así será. Además, sentimos que ella puede estar con nosotros aún... solo hasta que vuelve otra crisis y lo volvemos a pensar... pero de allí no pasa, creo que todos deberíamos prepararnos para esa etapa de la vida desde la primaria.

De tomar la decisión de internarla creo que me invadiría un sentimiento de culpa. Culpa justificada. No es fácil, porque no soportaría que la trataran mal y que sufra. Revisaría que el lugar verdaderamente fuera el ideal, me quedaría en el sitio por un tiempo para evidenciar lo que se vive allí.

Hace falta tener infinita paciencia para sobrellevar esto. Antes le respondía, ahora ignoro el comentario, me pongo en *off*. Solo el que lo vive sabe cómo manejar la situación. En mi caso, si pierdo la paciencia, me refugio en la oración, en mi conversación con Dios, para que me fortalezca. La capacidad de aguante es finita y tienes que rotar la responsabilidad porque si no, enfermas por dentro y por fuera, te consumes, estás tan cansada(o) que tu energía se hace insuficiente hasta para atenderla, y cualquier cosa te detona.

Hay que soltar, entender que mamá ya vivió, que es un ciclo y prepararnos para eso es nuestra responsabilidad.

La situación ha afectado mucho a la familia. Ha habido separación y distanciamiento con los familiares que no ayudan, incremento de los gastos médicos, de alimentación, pérdida de la intimidad en el hogar por la presencia de una persona para el cuidado de mamá.

Creo que definitivamente me convertí en madre de mi madre. La amo y la extraño cuando no está conmigo. Siempre me programo para recibirla de nuevo con las pilas cargadas.

Mery y Josué

Mi papá fue diagnosticado de hernias discales hace más de una década. El desgaste lento pero progresivo del sistema de soporte de la columna, junto con el deterioro anterior de la visión del ojo izquierdo (el cual resultó afectado por una operación de cataratas que falló), añadió un cuadro depresivo a su condición.

En lo físico, se añadieron otras patologías: descalcificación, arterioesclerosis ósea, insomnio, baja de peso y falta de apetito. Al final, inicio de mal de Parkinson.

Me parece que la característica que más se acentuó en él fue la pasividad; se negó a poner de su parte para mejorar sus condiciones de vida, aunque se buscaron alternativas (en vista de que debido a su avanzada edad, no podía considerarse la cirugía), él decidió que su vida iría de mal en peor.

Extrañaba su alegría. Pienso que mucho de lo que le gustaba y que él apreciaba de estar vivo: los amigos, los afectos, la convivencia, las conversaciones, el interés por asuntos de su profesión (periodista muy destacado), la familia misma, dejó de tener interés progresivamente. Esto, como es natural, lo amargó mucho.

Él vivía solo, aunque vecino a una de sus hijas. Hubo un episodio en que perdió el conocimiento parcialmente, no sabemos cuántas horas, y no pudo levantarse del piso. Lo encontramos postrado y desorientado a la mañana siguiente. Él ya había manifestado el temor de que algo así sucediera, y ya habíamos conversado sobre la necesidad de que recibiera cuidados de manera permanente.

La situación en su casa era muy difícil; tres de sus hijas nos turnábamos para visitarlo a diario, llevarle comida, acompañarlo, etcétera. Pero a partir de un par de incidentes en los cuales ya la fuerza de las piernas no fue suficiente para sus actividades cotidianas (le gustaba bajar del apartamento, comprar el pan, ir a la farmacia e incluso, almorzar en un restaurancito cercano), la situación se tornó insostenible.

Al decidir internarlo tuve miedo y tristeza. Miedo por lo desconocido: me parece que muchos no conocemos gran cosa de los hogares de reposo o ancianatos. Tristeza, porque pienso que la historia pudo haber sido distinta, con menos sufrimiento para todos, especialmente para él.

Culpa no sentí, al menos no de manera consciente. Hice todo lo que pude para su bienestar y su tranquilidad; lo que estaba en mis manos y lo que él permitió. Y también, todo lo que pude hacer antes de deteriorar mi propia salud física y emocional; la parte más difícil fue lidiar con sus negativas. Me parece que todo el mundo opina, muchas veces sin fundamento. Hay una cierta condena moral, socialmente aceptada, porque se considera que la familia tiene la obligación de ofrecer respuestas y «lidiar con el problema»; de lo contrario, los hijos son crueles, egoístas o malagradecidos. Lidiar con un adulto mayor que se niega a hacerse cargo de sí mismo, en mayor o menor grado, es un trabajo de dimensiones desproporcionadas para una sola persona, tenga o no la preparación profesional para hacerlo. No es un problema de falta de paciencia, en mi opinión; sino de falta de conciencia de la dimensión de lo que se tiene que enfrentar.

Cuando se me acababa la paciencia, me retiraba un tiempo. Los vínculos entre sus hijas (cuatro mujeres) se vieron un tanto afectados. La distribución de las tareas, la cuestión económica, las culpas y actitudes de cada una fueron caldo de cultivo para sacar a la luz posibles desavenencias sobre otros asuntos. Al final, pareciera haber prevalecido el amor fraterno y una mayor unión.

En muchas ocasiones me sentí como si fuera la mamá de mi papá: alimentándolo en la boca, cambiándole pañales, ayudándolo a caminar o a cambiar de postura, reconviniéndolo sobre ciertos temas, dosificándole la TV, leyéndole en voz alta, tratando de llevarlo a conversar de temas agradables, etcétera.

Miriam y Gerardo

A mi papá le diagnosticaron cáncer de estómago, que se convirtió en metástasis en los huesos. Al principio nosotros le ocultamos el diagnóstico, él solo sabía parte de la historia. Por tal motivo, luego de operarlo para sacarle el tumor, mantuvo un buen ánimo, de hecho, tuvo una recuperación grandiosa. Luego, progresivamente, le fuimos dando información y comenzó la quimioterapia.

Siempre resaltó en él su forma positiva de ver las cosas, nunca habló de la muerte, nunca se quejó constantemente, pero sí tuvo momentos de molestia y depresión, pues iba poco a poco perdiendo sus fuerzas, y eso le daba impotencia. Ya no podía manejar, ya le costaba subirse al carro, y eso le molestaba mucho, pero llegó un momento en que lo asumió, y creo que fue ahí cuando comenzó a empeorar.

En general, fue muy buen paciente, mantuvo su sentido del humor. Un día, al salir de una quimioterapia, luego de perder su cabello, me dijo: «pásame el peine, que estoy despeinado». Mi papá nunca se despidió, siempre mantuvo su esperanza de vencer el cáncer. Por lo menos, así no los hizo saber.

De su personalidad lo que más se extrañaba era su forma de hacernos sentir seguros, ya tenía al frente a un ser vulnerable. Extrañaba que siempre buscaba la forma de hacernos felices, de llevarnos de viaje, y poder llamarlo para que resolviera los problemas. Extrañaba ver a ese hombre fuerte, que me hacía sentir la mujer más segura del mundo.

Yo no cuidé sola a mi papá, lo hice junto a mi mamá. Tuve que manejar la paciencia con los dos. Por un lado, tratando de calmar a mi mamá cuando mi papá le respondía mal, y por otro lado, tratando de entender a mi papá. En general, conmigo siempre fue muy sereno, eso sí, muy consentido, siempre me llamaba para que le explicara por qué se sentía así. Creo que de alguna forma pensó que yo era doctora, pues me hablaba de sus síntomas para que buscara alguna explicación en Internet.

Confieso que más de una vez lo engañé, pero no me arrepiento. Un día, desesperado con los malestares de la quimioterapia, me dijo que estaba molesto, y le dije: «papi, no te lo quería decir, pero anoche soñé con la Virgen, y ella me dijo que te ibas a curar». En una hora, me pidió comida y mejoró su humor.

A veces decía cosas difíciles, pero siempre me repetía en la mente que él se sentía mal, y por eso yo respiraba y le cambiaba el tema. La paciencia no es solo con el enfermo, la familia sufre mucho las enfermedades, el estrés. El dejar de dormir, de descansar, hace que muchos digan cosas que no se deben decir.

La paciencia desaparece, pero hay que respirar, pedir a Dios mucha fortaleza, y pedir disculpas, pues también son necesarias.

En general, la enfermedad de mi padre afectó todo. Él era el pilar de nuestra familia. Somos dos hermanos. Siempre fuimos una familia muy unida, y unos hijos muy pegados a sus padres. Particularmente, yo renuncié a mi trabajo para poder dedicarme a mi papá. Cuando enfermó yo estaba casada y con un hijo de dos años. Hubo muchos cambios, descuidé mi matrimonio por dedicarme a él, todo mi tiempo libre lo tenía para él. Gracias a Dios, mi esposo lo entendió o lo aguantó, pero de verdad no me arrepiento de nada con mi papá. Mi hermano se dedicó al negocio, y mi mamá y yo a mi papá.

Tuvimos que aprender muchas cosas, tuvimos que tomar decisiones, muchas nos permitieron crecer y otras nos afectaron. Pero en general, siempre nos hemos mantenido unidos antes y después de su enfermedad.

Durante ese tiempo me sentí totalmente la madre de mi padre. Tuve que convertirme en su pilar, tuve que cuidarlo, limpiarlo, ponerle pañales, darle medicinas, consentirlo. Los papeles se invirtieron. Él estaba indefenso y yo tenía que darle seguridad.

Los expertos

Como lo manifesté al principio, al sentarme a escribir este libro no lo hice con la intención de convertirme en guía de nadie, ni de que fuera un manual para hijos que cuidan a sus padres. Muchas veces me pidieron mi esposo y mis hijos que me dedicara a escribir las vivencias (que aún no terminan) que había tenido durante los últimos diez años con mis padres. Siempre lo posponía y les decía que no consideraba que mi vida en ese sentido tuviera nada de extraordinario, ni nada que otra gente no hubiera vivido. Cuando mi editora me hizo la misma recomendación y me dijo que a mucha gente en las mismas circunstancias le serviría un libro así, creo que las piezas del rompecabezas se juntaron y las palabras comenzaron a salir.

La idea al comenzar a escribir fue dejar plasmadas mis vivencias como si estuviera conversando contigo, porque como lo he comentado antes, es reconfortante hablar con alguien que está pasando por la misma experiencia que tú, pues dejas de sentirte aislado en tu problema, compartes vivencias y emociones, y te sientes entendido, que es una de las cosas más difíciles por las que nos toca pasar, sumado a todo lo demás. Creo que esas conversas, y espero que esta lo sea también, sirven de catarsis y desahogo que en estas circunstancias es bastante útil.

Por eso te he contado lo que ha significado (y significa) esta experiencia para mí, también por eso he compartido contigo lo que ha sido para mis amigos que viven o han vivido las mismas circunstancias. Pero me hubiera parecido incompleto si no incluyera también la opinión de aquellos que manejan el tema de manera científica. Por ello he consultado con psicólogos y psiquiatras para tener una visión más completa del tema. Cada uno planteó su visión del tema de acuerdo con su percepción y experiencia, y estoy segura de que será de gran ayuda para quienes estamos transitando este camino no tan fácil de ser padres de nuestros padres.

Héctor Gómez
Psiquiatra. Universidad Central de Venezuela

En mi experiencia, se produce una lucha interna entre el deber inherente a ser hijos y la necesidad, también inherente, a hacer su propia vida. Esto se traduce en una permanente sensación de culpa, pues en lo más profundo sienten rabia por lo que experimentan como una situación injusta. La vida se desarrolla entre amor, agradecimiento, rabia, rechazo y culpa.

En realidad, desde la perspectiva occidental, sí es una situación injusta, pues los hijos en ningún caso deberían renunciar a su propia vida para ayudar a terminar la de sus padres. Pero por otra parte, ¿qué hacer? Tampoco se pueden desentender de ellos. La inmensa mayoría de los hijos quieren a sus padres, pero el amor no debería requerir inmolación, pérdida y renuncia de la propia vida.

No es igual a lo que ocurre al cuidar a los hijos, que llenan la vida de sentido. Habitualmente es una decisión de los padres, es algo deseado y que, en la mayoría de los casos, forma parte del desarrollo personal que como seres humanos ambos desean. Y es a esto a lo que, muchas veces, deben renunciar para poder devolver lo que recibieron y no ser malos hijos. Cuidar a los hijos forma parte de la evolución familiar, cuidar a los padres más bien entraba y obstaculiza ese desarrollo.

El aspecto cultural es de primordial relevancia. Existen culturas, como por ejemplo la japonesa o la china, en la que el cuidado de los mayores y el respeto de los ancestros es pilar esencial y fundamental en la estabilidad y el honor familiar. Es una parte medular del desarrollo como familia y como individuo velar por sus mayores. En estas culturas, no existe conflicto entre el cuidado a los padres y abuelos y la evolución personal, dado que este cuidado por el contrario enaltece al cuidador a nivel social y genera respeto y admiración. Los pedimentos sociales en Occidente no dan cabida a los valores por encima de lo productivo, por lo que habitualmente ambas cosas suelen estar enfrentadas, tanto en el tema que nos ocupa como en muchos otros.

En las sociedades occidentales de primer mundo, existen las condiciones adecuadas para que los más ancianos puedan disfrutar de una vida digna y seguir manteniendo la cercanía, los cuidados y el afecto de sus descendientes.

No es el caso de nuestros países y tampoco específicamente de Venezuela. Cuidar, atender y supervisar a los padres o abuelos no suele ser una cuestión de afecto solamente, sino una pesada carga que gravita sobre el tiempo, la economía y los deseos de autonomía e independencia de los hijos, más aún cuando están enfermos, como suele suceder por las condiciones físicas propias de la edad avanzada.

Si la salud de los padres es, en líneas generales, buena y poseen una vivienda propia y se pueden ayudar el uno al otro, el cuidado de los hijos se hace llevadero y sin mayores conflictos. El nivel de pedimento, en esos casos, no es severo y se lleva con cariño e incluso, alegría. En los casos en los cuales la muy avanzada edad o la mala salud está presente, la situación es diferente. El padre/madre debe permanecer en la casa conviviendo con alguno de los hijos y esto implica una fuerte carga emocional para los cuidadores. El nivel de exigencia es muy alto, como ocurre por ejemplo en ancianos con problemas de Alzheimer.

No existe, a mi entender, salvo en familias adineradas, una forma apropiada de atender y cuidar afectuosamente a los ancianos sin que repercuta seriamente en la calidad de vida de los cuidadores. Por supuesto, estamos hablando en líneas generales, cada caso en particular tiene sus características específicas.

Los sentimientos que con más frecuencia tiene que manejar la persona que cuida a sus padres enfermos son: una lucha interna entre sus afectos y deberes por un lado, y sus legítimas aspiraciones a desarrollarse autónoma e independientemente en la vida por el otro. Estos sentimientos encontrados son más o menos conscientes según los casos. Hay quien los reprime casi totalmente y hay los que conviven claramente y a diario con esa lucha interna.

Rabia, resentimiento, molestia, intolerancia, lástima, afecto y rechazo y sobre todo sentimiento de culpa son los más frecuentes. Todos amalgamados y en perpetua disputa. Para superarlos se debe hacer consciente el legítimo derecho a aspirar a un tipo de vida más sencillo, más independiente y menos exigente. Se debe trabajar con la diferencia que existe entre el sentir y el hacer. Bajar el nivel de culpa por lo que se siente y valorar los esfuerzos que se hacen.

Olvidar el falso aprendizaje dicotómico que coloca en la posición de perder/perder. Es decir, ser «buen hijo» y tener que inmolarse en función de las necesidades o deseos de los padres, o no hacerlo y ser un «mal hijo». En ambas posiciones se pierde, de una forma o de la otra. Falsa dicotomía que no permite una salida sana. El amor al otro debe incluir, necesariamente, el amor propio y velar por las propias necesidades sin que la culpa empañe la existencia. Lograr esto sin ayuda profesional no suele ser sencillo.

Cuando hablamos de la decisión de internar a los padres en una casa de reposo, nuevamente, el factor cultural es esencial. En Japón sería una desdicha familiar hacer algo así. Algo bochornoso y denigrante. En países de primer mundo, los padres o abuelos deciden por sí mismos, por su propia voluntad, retirarse a una casa de cuidados. Incluso, en edades tan tempranas como los sesenta años. Esto es así porque son lugares cómodos, bien atendidos. Tienen muy buena comida sana, hay cuidados médicos e incluso se retiran en pareja. Hacen vida social, viajan, pueden salir cuando lo desean y disponen de un espacio cómodo y amplio para vivir y recibir a sus familiares. Retirarse no implica estar incapacitados, es solo una nueva etapa en sus vidas.

En nuestros países, lo sabemos, no existe nada semejante. Los lugares de retiro son sitios de depósito. Culturalmente implica el estigma del abandono y el desamor. Lo habitual es que sean lugares deprimentes, en los cuales las condiciones de vida suelen ser muy precarias. Los ancianos están internados, no tienen libertad de movimiento y solo «terminan» en esos lugares los que están en unas condiciones tales que ya no pueden estar en casa. La familia vive como un deber el cuidar a sus ancestros, a pesar de las consecuencias sociales y emocionales que esto pueda implicar.

Se hace algo complicado generalizar sobre este tema en un espacio de respuesta tan reducido como un cuestionario. Son muchísimas las variantes y muchos los factores implicados. Aquí tan solo he tratado de dar una visión muy panorámica del tema. H.G.

Liliana Castiglione
Psicóloga. Universidad Central de Venezuela

Hay un tema de percepción ante la situación, y esto es absolutamente individual. Para un hijo esta situación se moverá en una escala que va desde considerarlo una bendición hasta asumirlo como una carga dura de soportar, y desde allí la forma cómo se internaliza (pensamientos y emociones vinculadas) hace que el cuidado sea distinto.

Obviamente desde la percepción de la carga la situación de cuidado se torna asfixiante y agotadora. También hay que considerar los achaques propios de la vejez, y si la relación ha sido conflictiva antes, esto se puede agudizar.

Es innegable que el proceso de cuidado no es sencillo porque suele estar asociado a problemas de salud que demandan mucho tiempo y atenciones por parte del o de los hijos cuidadores, amén de la erogación económica asociada. También el proceso se complica si el cuidado se limita a un solo hijo, bien sea porque es hijo único o porque los demás evaden la situación.

Si el o los hijos deciden llevar adelante esta tarea desde el amor, más de la mitad del camino estará libre de emociones negativas, ahora bien, ese o esos hijos tienen una vida a la cual no deben renunciar, pero ¿cómo hacerlo?, con organización, repartiendo responsabilidades entre hijos y familiares o contratando apoyo externo para poder disponer de tiempo para continuar adelante con el resto de las tareas y con el propio disfrute de su vida, porque para poder cuidar bien, hay que estar bien.

La persona debe organizar su vida, reajustarla para poder cumplir con el cuidado, pero sin dejar de cuidarse a sí mismo desde todo punto de vista: profesional, personal, emocional, físico. Obviamente será más complejo, pero no imposible si cuenta con apoyo para hacerlo.

Entre los sentimientos más frecuentes que tiene que manejar la persona que cuida a sus padres enfermos está la ansiedad por temor a fallar en el proceso; estrés por la sobrecarga; culpa, en ocasiones, por desear disponer de su libertad lo que sobreviene en un conflicto donde choca el deseo o necesidad de cuidarlo con el deseo y necesidad de tener libertad.

Pero no todo es negativo, dentro de los sentimientos también está el amor, la satisfacción de poder devolver tanto amor y cuido que recibió, y eso es muy reconfortante.

Para superar esta cantidad de emociones y sentimientos lo primero es reconocer lo que se está sintiendo y entenderlo como normal. Es un cambio en la vida, entender y aceptar esos sentimientos como legítimos y canalizarlos dependiendo de lo que está sintiendo. No abandonar las necesidades individuales, los intereses y, de ser necesario, contar con apoyo psicológico, no dudar en hacerlo.

Cuando la persona se ve en la necesidad de poner a sus padres al cuidado de otros no es fácil tomar la decisión porque existe el amor. Es el amor lo que lo torna difícil, desde allí no se desea crear esta separación, es como sentir que se le abandona y, en otros casos es por la culpa, o el pensar en el qué dirán.

La decisión de cuidar a los padres debe ser estrictamente personal y asumida con pleno convencimiento. Si se hace de esta manera, con amor, y con organización puede ser manejada como una bendición.

Otro aspecto a considerar es si se tienen las condiciones para el debido cuidado a nivel de espacio y demás requerimientos del padre o madre a cuidar y, por supuesto, la decisión que ellos tomen, porque hay ocasiones cuando son ellos los que prefieren ir a un hogar de cuidado y compartir con otras personas de su edad, y esto es válido. En este último caso, igual la presencia y el hecho de hacerlos sentir queridos es fundamental a través del contacto y las visitas.

Olivia Biasini
Psiquiatra. Universidad Central de Venezuela

El tema de la ancianidad viene a ser en estos tiempos postmodernos una candente actualidad manifestada por el envejecimiento mundial y los impactos económicos y sociales que produce en medio de un contexto económico de crisis recurrentes donde los colectivos de ancianos y pensionados sufren con mayor intensidad la incertidumbre económica y la reducción del poder adquisitivo. Por tanto, se hace necesario reflexionar con sinceridad sobre el tema porque tiene un impacto emocional muy grande sobre las familias. Es por esto que colaboro y aplaudo cualquier iniciativa que intente un acercamiento a esta realidad.

Como psiquiatra y como persona de la tercera edad me gustaría adelantar que los mayores, como consecuencia de los avances de la ciencia hemos recibido un regalo, que como el célebre caballo de Troya tiene sus dificultades. Por una parte vivimos más tiempo y retrasamos nuestro destino inexorable, pero por otro lado recibimos una caja de Pandora representada por distintas enfermedades y dolencias crónicas, entre las que se encuentra, como regalo envenenado, la muerte de nuestra capacidad mental de recordar quiénes somos y de cuidar de nosotros mismos.

Los mayores nos preocupamos por estos temas y es probable que muchos sufran ansiedad, miedo y depresión frente a esta situación que sentimos muy cercana y que sabemos constituye una pesada carga para nuestros hijos, a los que siempre hemos querido librar de preocupaciones y zozobras.

Una muestra de la creciente implicación de los mayores en la búsqueda de soluciones a futuro, ha sido el llamado *cohousing* que no viene a ser más que la posibilidad creativa de establecer comunidades solidarias de personas mayores que comparten sus habilidades y fortalecen en común, el control de sus debilidades. Así como los años sesenta son representados por las comunidades hippies de compartir paz y amor, el siglo XXI será caracterizado por las comunidades sénior de amor y solidaridad.

Ante el cuadro que he descrito creo necesario apuntar algunos tips preventivos para aquellos grupos familiares que no se encuentran aún en medio del problema que motiva este libro y que podría permitir un mejor acercamiento y menores heridas emocionales que las que aquí se describen.

Es necesario superar el tabú que impide hablar a padres e hijos del tema del envejecimiento y de las situaciones que podrían presentarse con motivo de alguna enfermedad incapacitante. Sería interesante saber qué opinan los padres de cuál sería la mejor opción en estas circunstancias y el establecimiento de una especie de testamento vital al respecto. Les sorprendería mucho lo que los padres opinan al respecto y sería un apoyo cuando llegase el momento de las decisiones. Por otra parte, también es necesario que los hijos hablen entre sí de sus posibilidades y compromiso con el tema de los cuidados y el aporte económico que puede ser necesario. Creo que así como nuestros padres nos abrían cartillas bancarias, quizá se impone, en estos tiempos, que hagamos lo mismo por ellos o impulsemos que lo hagan a partir de nuestra independencia económica.

Es necesario incentivar y fortalecer en la familia, incluyendo a los padres, las ventajas de una vida más saludable, con alimentación sana, más ejercicio, menos sedentarismo y actividades gratificantes y enriquecedoras del desarrollo mental y la salud emocional.

Por último, es necesario desarrollar redes familiares y sociales, grupos de apoyo y otras iniciativas, de manera que no nos limitemos a compartir nuestras angustias y experiencias, sino que a partir de allí se generen soluciones o respuestas.

Como es probable que lo que estoy recomendando no pueda hacerse o que nos encontremos ya en medio de una situación compleja, con padres muy enfermos, cuya situación nos hace ejercer de cuidadores y tomar decisiones agonizantes y difíciles, es preciso hablar de la inmensa carga emocional que esto nos produce y la necesidad de identificar y reconocer los pensamientos y las emociones que se agitan en el contexto de ser ahora *los padres de nuestros padres*. Para hablar de esto voy a referirme a una obra, publicada en

1948 por el psiquiatra español Emilio Mira y López, de título *Los cuatro gigantes del alma,* a los que él identifica como el miedo, la ira, el amor y el deber. Aunque muchos elementos de la obra pueden estar superados por la investigación actual, siempre me ha inspirado que le diera el carácter de gigantes a estos estados emocionales que vemos reflejados en la situación anímica de los hijos cuando han de cuidar a los gigantes héroes de su infancia.

Resulta inmediatamente reconocible que el amor y el deber son los baluartes que rigen el papel que hemos de cumplir cuando atendemos a nuestros padres, física y anímicamente dependientes por razón de la enfermedad. El amor inspira nuestros cuidados y el sentido del deber, el cumplimiento de ciertas obligaciones que pueden afectar nuestra vida personal, nuestros planes, el tiempo del que disponemos para nuestros hijos o pareja, etc., y de allí saltará también la ira, el miedo o cualquier estado emocional complejo. Tomemos como ejemplo que nuestro padre presenta un cuadro de demencia complicado y el médico y el sentido común recomiendan internarlo en un centro donde le puedan brindar atención y vigilancia las 24 horas del día. Sabemos bien que las cuestiones familiares y emocionales no se rigen por el sentido común y notaremos cómo empezamos a debatirnos entre ideas y emociones contradictorias. Por una parte, alivio ante la recomendación del médico porque ya nos resulta imposible atender el problema en casa; inmediatamente, sentimos vergüenza de nuestro desamor que nos impulsa a sentirnos aliviados ante la idea de abandonar a nuestro padre en un centro geriátrico. Nos sentimos culpables porque estamos incumpliendo nuestro deber filial después de todo lo que nuestro padre ha hecho por nosotros, y si nos atrevemos, reconocemos que sentimos ira por lo que nos está pasando, por la responsabilidad que nos ha caído encima, por nuestros planes destrozados.

A veces al cuadro descrito se suman otras circunstancias familiares como el hecho de ser hijo único, o tener hermanos que no pueden o no quieren compartir el deber familiar.

Aparecen, entonces, la ira, el rencor, el resentimiento, la culpa y la depresión mientras se compromete más nuestra salud mental. Surge el insomnio, el cansancio mental y físico, las alteraciones de conducta, el continuo pensar que no se detiene y muchas veces el colapso mental y físico. Todo este complejo entramado nos paraliza porque también estamos haciendo el duelo por ese padre y nos estamos confrontando con nuestra futura dependencia. Por eso resulta tan difícil aceptar la decisión que debemos tomar, que se retrasa o se paraliza agravando la situación.

¿Cómo superar esta situación? Volviendo a la metáfora de Mira y López, yo diría que debemos reducir a una escala humana a nuestros gigantes internos. Es importante saber cuál de ellos es nuestro gigante principal para tenerlo bajo control, sin olvidar que a veces se unen para hacer las cosas más difíciles y tienen ayudantes poco recomendables, como las premoniciones, la angustia y la ansiedad que son acompañantes del miedo. Qué decir de la intransigencia, la intolerancia, la culpa y la autoflagelación que son compinches del deber mal entendido así como el desamor alimenta los celos, la envidia y la autodenigración, sin olvidar la incontinencia verbal, la violencia física, el descontrol y la maledicencia, fieles escuderos de la ira.

Nuestros gigantes se alimentan y crecen con nuestros pensamientos más absurdos y las emociones que se les asocian, haciéndolos inmanejables e impulsando conductas poco ajustadas a la realidad. Es necesario revisar día a día nuestros pensamientos y emociones, tratando de descubrir de dónde vienen y qué los motiva, antes de actuar. Es necesario revisar nuestros patrones de pensamiento, emoción y conducta para poder entender mejor el complejo problema de nuestras relaciones familiares y los conflictos, algunas veces desgarradores, que se asocian al deterioro físico y mental de nuestros padres, a la ancianidad dependiente, una realidad para la cual, es difícil estar preparados.

La cuestión de la ancianidad y sus problemas crónicos se presenta en un contexto complicado para la vida familiar como lo es el de la desaparición de las familias extendidas, donde se podía contar con muchas personas para las tareas de cuidado; la problemática económica que obliga a trabajar a todos los miembros del grupo causando la ruptura de la función de cuidadoras, asignada culturalmente a las mujeres y la crisis económica que impulsa el recorte de ayudas sociales para la tercera edad.

Si, finalmente, el problema se convierte en una experiencia que no podemos superar, no queda más que recomendar la búsqueda de ayuda especializada que pueda acompañarnos en este difícil tránsito.

Stefanía Aguzzi
Psicóloga. Universidad Central de Venezuela

Para asumir todo lo que implica el cuidado de los padres cuando estos están enfermos y son dependientes, ante todo hay que organizar un sistema de atención con los miembros de la familia que puedan dar apoyo. Eso significa que si hay que aportar ayuda económica, por ejemplo, para sufragar los gastos de alguien que pueda acompañar a nuestros padres mientras trabajamos, debemos organizar con tiempo la situación. Igualmente es el caso si alguno de los miembros puede aportar ayuda en compañía.

Vivir la propia vida es necesario sin olvidar las necesidades de los padres ancianos, por eso la organización del cuidado es fundamental, para que no surjan sentimientos de abandono y/o culpa. Solos no podremos cubrir las necesidades que ellos tienen y mucho menos las nuestras. Amor, afecto, compañía a nuestros padres es fundamental, pero darles eso requiere que yo me cuide y me quiera, por lo que hay que ser equilibrado: doy a ellos y me doy yo. Si te sientes frustrado, rabioso, cansado, no puedes dar calidad.

A fin de que el cuidador no se vea perjudicado en ningún sentido, la clave es organizarse. Hay que buscar ayuda externa que cumpla los requisitos que consideremos importantes para el cuidado. Si el padre/madre tiene posibilidad de moverse y/o tiene sus funciones mentales, hay que buscar clubes de tercera edad para que realicen actividades que los distraigan. No hay peor compañía que la inactividad.

Si la enfermedad es muy larga, lamentablemente el cansancio es un punto fundamental en los hijos, aunado con la sensación de que «pasa el tiempo y no hago lo que quiero», acompañado con esa ambivalencia de *amor/¿por qué yo?*, que es normal, pero que socialmente no podemos exteriorizarlo porque no es *adecuado*. Otro sentimiento que nos acompaña es la tristeza y la depresión, en algunos casos, al ver el deterioro que sufren los padres.

No es fácil cuidar a nuestros padres y menos aún cuando somos hijos únicos o no tenemos apoyo familiar que nos ayude en el camino. Deseamos hacer que su vida sea lo más cómoda posible, y en ocasiones nos cuestionamos si lo que hacemos es suficiente.

En la medida que le aportemos a nuestros padres amor y cuidado, en esa medida la sensación de estar haciendo las cosas bien crece. Hay padres que se convierten en demandantes de atención en un 100 %, y seguramente nosotros no podremos darle eso que exigen. Hay que aprender a ver la realidad de lo que vivimos desde la acera de enfrente, ¿difícil?, mucho, pero debemos aprender a hacerlo o no sopesaremos con objetividad nuestras acciones.

No hemos sido educados para internar a nuestros padres en una casa de reposo. La sociedad no aprueba esa decisión, pero hay casos en los que esa es la única alternativa viable para ellos y para nosotros los hijos. Cuando hay enfermedades mentales asociadas con la vejez, la labor es aún más difícil, demencia senil, Alzheimer, donde la supervisión debe ser constante. En Venezuela son poquísimas las casas de reposo que brindan el apoyo que las familias requieren. Pero en paralelo también puedo afirmar que son muchas las personas que consideran internarse en una casa de reposo en su vejez y estructuran su futuro para ello.

Armando S. García Martínez
Psiquiatra . Universidad de la Habana
Milagros Mago
Psiquiatra . Universidad Central de Venezuela

La soledad del cuidador

La demencia en fases tempranas no es percibida como enfermedad por la mayoría de los familiares. Su comienzo insidioso, la levedad de los síntomas con que se presenta y los síntomas circunscritos a la esfera psicológica tienden a enmascarar la percepción de daño. (Zavala M, Vidal D, Castro M, Quiroga P, Klassen G.). Solo se asume cuando el anciano comienza a presentar discapacidades que limitan su autonomía e independencia, es el momento en que la familia afronta un problema que obliga a reestructurar todas sus esferas: el tiempo, espacio, la economía, el descanso y la libertad de cada uno de sus miembros.

En algunos casos la resiliencia familiar permite un abordaje adecuado de la situación. Factores como: familias extensas, funcionalidad adecuada, alto nivel socioeconómico, pueden actuar como protectores ante esta crisis (Sánchez B. 2005).

Sin embargo, la dimensión e implicaciones de la tarea a asumir sobrepasa por mucho la capacidad de resolución de la mayoría de las familias a nivel mundial y constituye una problemática aún no resuelta dada su complejidad. No solo se trata de resolver el problema del anciano, sino el de toda la familia que se encuentra implicada. (Dueñas E, Martínez M, Morales B, 2006).

A partir de este momento comienza un proceso de selección en el caso de familias numerarias, basado más en la disponibilidad que en otros aspectos. No obstante, aun cuando la disponibilidad es indispensable, es necesario tener en cuenta otros elementos que son fundamentales para evitar la aparición de múltiples complicaciones. (Ankri J, Andrieu S, Beaufils B, Grand A, Henrard J. 2005).

Aspectos como: personalidad, madurez, responsabilidad, estabilidad emocional, experiencia, entre otros, son factores intrínsecos fundamentales al momento de determinar quién se convertirá en cuidador.

En familias numerosas existe mayor posibilidad de selección teniendo en cuenta todo lo antes planteado, sin embargo, en familias reducidas es casi imposible, lo cual obliga a recurrir de forma exclusiva al criterio de disponibilidad. A veces ante la ausencia de este recurso el futuro cuidador tendrá que asumir por obligatoriedad la tarea y establecer renuncias bruscas o progresivas que determinarán malestar personal y conductas inadecuadas para con el paciente.

Además de los factores intrínsecos antes mencionados existen otros elementos implicados en el proceso de inicio de cuidar a un enfermo con demencia: nivel de información sobre la enfermedad y su evolución (Zambrano C. Ceballos P. 2007), nivel de conocimientos sobre las características y rasgos del paciente (Dueñas Et al. 2006), nivel de apoyo y cooperación familiar (Martín y Begoña A. 2004), contribución económica (Llibre J, Perera E. 2004), amplia red de apoyo social (Lago S, Deben M. 2004), presencia de cuidador sustituto (Pérez A. 2008), entre otros, los cuales constituyen los factores extrínsecos asociados.

La presencia y equilibrio de estos factores son determinantes desde un inicio en la construcción de la relación cuidador-paciente; a mayor equilibrio más funcionalidad de la relación. La exclusión de alguno de estos factores puede ser la causa desencadenante de agotamiento del cuidador, problemas en la familia que afectan la calidad de vida del paciente y compromiso en su índice de supervivencia.

Desarrollo
En función de las características de las familias, de su nivel socioeconómico, de disponibilidad y la tarea que se realiza se clasifican a los cuidadores en diferentes grupos. (Díaz J, Rojas M. 2005).

Tipos de cuidadores:
- Cuidador principal. Es aquella persona dentro de la familia que asume la mayor responsabilidad en la atención al anciano.
- Cuidador secundario. Familiar que comparte en menor medida la carga del cuidador principal.
- Cuidadores formales. Personas, profesionales o no, que reciben una remuneración por el cuidado del enfermo.

Elección del cuidador:
La mayoría de los cuidadores no son elegidos por voluntad propia, sino por obligatoriedad: «no hay nadie más, los demás no se quieren ocupar o dicen que no pueden, que no

saben», etc. (Pinto N, Barrera L, Sánchez B. 2005). La responsabilidad cae sobre una persona; ya sea por pudor, valentía o ignorancia, se ve comprometido con una titánica tarea. En otros casos puede pasar de forma espontánea o como mecanismo compensatorio. (Izal M, Montorio I, Díaz-Veiga P. 1997). El familiar enfrenta el rol de cuidador recurriendo a justificaciones como «el pago de la deuda de gratitud», «por los cuidados que recibí», «porque es mi obligación en retribución a todo lo que me dio», etc. (Sánchez B. 2005). Es muy difícil pagar una deuda por diez o doce años; al final se termina detestando al deudor, y se deteriora paulatinamente la relación y la calidad de atención.

En ocasiones la responsabilidad cae en el menos indicado. El cuidador debe ser una persona con recursos de afrontamiento, optimismo adecuado, autoestima estable, disciplina, responsabilidad, autoridad, capacidad para improvisar, para manejar situaciones de riesgos. Si la personalidad del cuidador no está compensada desde el inicio, se establecerá una relación fallida cargada de paternalismo sustitutivo, conductas estoicas, evasivas, de negación, etc. (Flores JA, Adeva J, García MC, Gómez M P. 1997).

En estos casos de personalidades con escasos recursos de afrontamiento el peso de la responsabilidad hará que el cuidador recurra a mecanismos no adecuados con conductas que pueden ser dañinas para el paciente y para sí mismo.

Condiciones previas sobre las que se establece la relación cuidador-paciente

El tipo de familia y su funcionalidad es el primer elemento que incide en la relación entre el cuidador y el enfermo. Mientras más numerosa y funcional sea la familia, mayor capacidad para seleccionar adecuadamente al cuidador.

Mientras mayor sea la capacidad familiar de redefinición y reasignación de roles, obligaciones, tareas y expectativas, capacidad de identificación y movilización de recursos, mayor será la posibilidad de establecer una relación asistencial funcional. (Mockus S, Novielli K. 2009).

En las familias pequeñas o disfuncionales existe mayor riesgo de error en dicha selección, la necesidad hace que la responsabilidad caiga sobre aquel que esté disponible, indiferentemente de si es la persona adecuada o no.

En los casos en que la elección del cuidador no fue por consenso o voluntariedad, generalmente la relación cuidador-paciente es inadecuada y provocará mayor desgaste para ambos miembros. Por otra parte, si la historia de vida previa entre el cuidador y el paciente está cargada de reproches, rencores, desatención y abandono, la tarea de cuidar se hace casi imposible de sobrellevar. El cuidador continuamente estará rememorando los episodios desagradables ante cualquier dificultad y esto limitará el desarrollo de las diferentes etapas de la relación, la cual se irá deteriorando.

Mientras más tórpida sea la evolución de la relación con el enfermo, más culpable se sentirá el cuidador, más complicaciones presentará el paciente y más atención requerirá, lo cual genera un círculo vicioso del cual será imposible salir, incluso si fallece el paciente el sentimiento de culpa será muy difícil de borrar y puede dañar al cuidador el resto de su vida.

Otro factor que influye previamente en esta relación es la capacidad del cuidador para comunicarse o de establecer una comunicación efectiva con el paciente. Si la comunicación previa fue disfuncional, es muy difícil que mejore durante el proceso de enfermedad, «poca comunicación peor relación». En la enfermedad de Alzheimer la comunicación del paciente se va empobreciendo progresivamente, lo cual exige al cuidador que sobrepase los límites de lo verbal para incorporar gestualidad, expresiones faciales y en ocasiones hasta la intuición. Cuando hablamos de comunicación, incluimos el contacto físico ya sea para transmitir mensajes o durante el aseo y cambios de ropa, donde el pudor ante el cuerpo sagrado del padre o la madre puede ser un factor que conspire en contra de una buena labor, sobre todo cuando la relación se establece entre sexos opuestos.

La información o experiencia previa que posea el cuidador influye con carácter determinante. Cuando el cuidador de debut no está correctamente informado es frecuente que sienta miedo ante lo desconocido, inseguridad, angustia, sensación de fracaso o pesimismo. Si el cuidador no tiene toda la información que necesita o no ha tenido una experiencia previa (propia o referida por alguien cercano), el desempeño será mucho más limitado, agotador y desgastante. El esfuerzo continuo de improvisar provocará la aparición del agotamiento de forma precoz.

Cuando hablamos de información estamos incluyendo aquella que debe aportar el profesional de salud que establece el diagnóstico y seguimiento del caso. Si esta información no es precisa oportuna y pertinente mayor posibilidad de fracaso correrá la relación paciente cuidador.

Igualmente, si esta información previa es negativa, la relación puede fracasar desde un inicio ya que predispone al cuidador.

Otro elemento necesario es la motivación para enfrentar la relación cuidador-paciente; esta debe ser consecuente con el tipo de tarea que se va a realizar. Si la motivación es baja, cuidar se convierte en una actividad frustrante.

De lo antes expuesto se deriva la necesidad de reajustar la motivación del cuidador al tipo de enfermedad que padece el paciente. En el caso de la demencia por Alzheimer, no debemos sembrar falsas expectativas optimistas de mejoría evolutiva; no se establece la relación a mayor cuidado mayor mejoría o mayor rapidez de recuperación.

El impacto de lo indetenible de la enfermedad puede generar en el cuidador pesimismo, desesperanza y hasta pérdida de interés en el desempeño, lo cual ocasiona sentimientos que pueden enfermarlo.

La falta de reajuste de expectativas provoca desconcierto ante cada nuevo síntoma. La sensación de no terminar nunca hace que la actividad de cuidar se perciba como un camino interminable donde se desvanecen planes futuros y sueños para ser sustituidos por obligaciones continuas que lo sobrecargan cada vez más. La desesperanza conlleva al agotamiento y a la depresión.

El cuidador siente y ve con horror cómo su vida va quedando relegada a un segundo plano sin que exista posibilidad de modificarlo. Para compensar tratará de evadir o desear que termine, y este final está determinado por la muerte del paciente. Surge una culpa que lo consumirá toda la vida.

En estos casos lo correcto es enseñar al cuidador a establecer metas a corto plazo, a centrar su labor en evitar complicaciones, a lograr que su paciente viva el mayor tiempo posible con la mayor calidad.

El cambio de roles que impone la tarea de cuidar a un familiar es otro factor que conspira en contra del cuidador. (Lara L, Díaz M, Herrera E, Silveira P. 2001).

Pasar de hija a madre de la propia madre, de hijo a padre de su madre, a madre del padre o padre del padre es un proceso difícil de asumir, por tanto debe ser lento y progresivo. Sin embargo, la rapidez (determinada por la enfermedad) con que se establece la dependencia del enfermo hacia el cuidador no permite el tiempo necesario para asumir este cambio de rol: hay que cuidarlo de los peligros, de los riesgos del ambiente y hasta de sí mismo, hay que lograr que haga las cosas necesarias para su supervivencia aun cuando él no las entienda. De esta forma pueden aparecer síntomas de rechazo o desinterés por parte del cuidador, lo que lo lleva a fallar en su labor.

Por otra parte, esta relación de dependencia puede generar conductas excesivamente paternalistas, lo cual entra en contradicción con la dignidad del paciente que se niega a ser atendido como un niño. En este caso, el paciente termina rechazando a la persona de la cual depende para seguir viviendo. Este rechazo puede hacer que ambas partes se sientan maltratadas.

Problemática social

Limitación y desestructuración de vida social.

Rechazo de amistades: «ya no es tan divertido como antes, no se puede compartir con tranquilidad», etc., son las quejas más frecuentes de las personas que rodean al cuidador. (Tirado G. 2009).

Renuncias: «me siento culpable si lo dejo para salir con mis amigos, siento que lo lastimo si salgo porque se va a sentir abandonado», esto es muy frecuente si la discapacidad del paciente es más física que cognitiva, ya que el propio paciente puede hacer el reproche y hacer sentir culpable al cuidador.

Perdida de posibilidad para ejercer la profesión o la renuncia voluntaria implican un proceso de duelo importante. El cuidador que no sea capaz de salvar esta pérdida de reconocimiento social, protagonismo e independencia tendrá siempre un reproche a mano para el paciente, para los demás familiares y para sí mismo.

Problemática económica

La pérdida de estatus económico en el cuidador se traduce en una disminución marcada del estatus social y familiar, pasa de ser una persona independiente a dependiente económicamente, en el mejor de los casos de otros familiares, siente que es una carga para la familia y la sociedad en general. (Giraldo C, Franco G. 2006).

La percepción de la dificultad económica se convierte en un problema que afecta gravemente cuando el cuidador se da cuenta de que no puede costear todas las necesidades de su paciente y trata de compensar el déficit tomando medidas desesperadas que pueden afectar la estabilidad económica de sus hijos. Se ve obligado a recortar presupuesto de cosas superfluas en un inicio: regalos, salidas, y más concretas a medida que los requerimientos del paciente son mayores: alimentación, pago de colegios, seguros, etc. La desesperanza da paso a la desesperación.

Problemática familiar

Esta se puede resumir al desplazamiento de atención desde otros miembros de la familia hacia el enfermo: abandono de la relación de pareja y la consecuente disolución, abandono de la atención a los hijos con relaciones tensas e inapropiadas, rechazo a otros familiares. (Ocampo J, Herrera J, Torres P, Rodríguez J, Loboa L, García C. 2007).

El miedo e inseguridad ante las consecuencias de su incapacidad de brindar a los hijos o a la pareja la atención requerida terminan por agotar al cuidador quien por agotamiento comienza a sentirse indiferente ante todo aquello que pueda exigir atención. Es frecuente en estos casos la desestructuración del núcleo familiar, acentuando la sensación de soledad.

Problemática de salud
- Se distorsiona el espacio labor-descanso, es un trabajo de 24 horas.
- Cuidar a un enfermo que se va curar, o que al menos

va a mejorar siempre es alentador, pero cuidar a una persona que cada vez va a estar peor llega a ser frustrante y termina agotando las reservas de afrontamiento del cuidador.
- o Desgaste físico por el esfuerzo mantenido de tener que levantar o movilizar al paciente continuamente, de lo cual derivan enfermedades osteomusculares o acentuación con el tiempo de enfermedades degenerativas óseas.

En el curso de la enfermedad de Alzheimer y sus etapas la relación no bien establecida en sus inicios se irá agravando hasta deteriorarse completamente o puede de forma espontánea evolucionar hacia planos más funcionales, saludables o efectivos con el enriquecimiento pleno para ambas partes.

Este proceso depende de la resolución adecuada de las eventualidades antes señaladas y a la satisfacción para cuidador y paciente de los nuevos requerimientos impuestos por cada etapa del deterioro cognitivo. Cada etapa impone nuevas circunstancias a canalizar y afrontar mediante mecanismos y factores intrínsecos y extrínsecos que deberán actuar en equilibrio.

Si este equilibrio no se logra, la relación queda condenada al deterioro por claudicación de todos los mecanismos de afrontamiento: claudica primeramente el cuidador, después el paciente, y conjuntamente todos aquellos relacionados con ambas partes, es decir, otros familiares, amigos, etc.

Problemática psicológica

El deterioro psicológico del cuidador se explica por la reacción de estrés mantenido en las relaciones disfuncionales y se asocia progresivamente a sentimientos de:
- o Negación y evasión: a creer que su familiar está tan

enfermo, que tiene problemas que necesitan atención especializada, ante el desenlace fatal a largo plazo.

- o Impotencia: siente que aunque se esfuerza no hace lo suficiente por su familiar, que su sacrificio no vale la pena ya que el paciente está cada vez más deteriorado.
- o Cólera, rechazo y resentimiento: hacia otros familiares al no sentirse apoyado, ante la felicidad y realización de otros; ante la falta de reconocimiento justo a su esfuerzo; frente a cualquier tipo de crítica por constructiva que sea en intención; posteriormente ante cualquier sugerencia, hacia el paciente que exige más de lo que él puede dar o más de lo que merece y que cada vez colabora menos.
- o Sentimientos de culpa: ante complicaciones físicas o cualquier cosa que deteriore el estado del paciente; frente a la toma de decisiones que tengan que ver con cualquier alteración del bienestar o integridad del paciente; frente al deseo de que termine para ambos la difícil situación; ante la incapacidad de identificarse con esa persona que «ha cambiado tanto que ya no se parece a mi familiar»; ante la incapacidad para identificar en sí mismo «aquellos sentimientos que me hacían amarlo».
- o Frustración y fracaso: por el duelo ante el familiar que muere aun cuando se está haciendo el mayor esfuerzo; ante su propia vida que languidece cada vez más; ante la necesidad de internar al paciente en una institución.
- o Vergüenza: ante su posible incapacidad de hacer las cosas bien o como otros quisieran; ante el comportamiento inapropiado del paciente; ante la imposibilidad de seguir siendo quien era: madre

excelente, esposa complaciente, profesionalmente óptima, etc.
- Soledad: ante el cúmulo de renuncias ya sean voluntarias o involuntarias, amistades, demás familiares, compañeros de trabajo; ante la falta de ayuda y apoyo; ante la falta de comprensión de los demás.
- Sentimientos contradictorios: quieren al paciente, se vuelcan en él y al mismo tiempo lo odian, desean que todo termine.
- Tristeza: ante todo lo antes descrito, el duelo mantenido en vida por el progreso de la enfermedad y su agravamiento. Este sentimiento se recrudece con la sensación de «vacío» cuando el enfermo ya no está, bien porque ha fallecido, bien porque ha ingresado en una residencia.
- Incapacidad: ante la imposibilidad de retomar su vida donde la dejó o reconquistar todo aquello que perdió, como roles, relaciones de pareja, de amigos, profesión, etc.

El síndrome del cuidador

El síndrome del cuidador descrito en Estados Unidos en 1974 es conceptualizado como un estado general de desgaste físico y emocional, consecuencia de la sobrecarga de cuidar de un modo desmedido a un enfermo crónico, a una inadecuada relación paciente cuidador. En un artículo titulado *Enfermedad de Alzheimer. Del diagnóstico a la terapia: Conceptos hechos* el Dr. Peña-Casanova, J. (1999) y posteriormente Rodríguez del Álamo, 2002, lo asocian, además, con mayores tasas de institucionalización, desatención y abandono, malos tratos y acortamiento marcado del índice de supervivencia del paciente.

Respecto al cuidador aparecen señales de alarma:
- Problemas de sueño.
- Falta de energía, fatiga permanente.
- Aislamiento social.
- Consumo excesivo de tabaco, alcohol, medicamentos.
- Malestar físico (temblores, molestias en el estómago...).
- Problemas de memoria y dificultad para concentrarse.
- Pérdida de interés por actividades que le gustaba hacer.
- Pérdida o aumento del apetito.
- Pobre control de impulsos o incontinencia afectiva: enfadarse más a menudo, especialmente con otros familiares o por motivos insignificantes.
- Cambios de humor.
- Dificultad para superar la ansiedad o la tristeza.
- Negar estos síntomas.

Investigaciones sobre los síntomas psicológicos en el cuidador con agotamiento (Medina Ortega, J., Martín Duarte, J.S., 2006) afirman que la ansiedad aparece en un 54 % (nerviosismo, angustia, tensión, y estrés), mientras que la depresión o síntomas depresivos (tristeza, pesimismo, apatía) aparece solo en un 28 %. Síntomas menos frecuentes fueron: hipocondría, ideas obsesivas y paranoides en el 17 % de los cuidadores. En un 17 % se detectó ideación paranoide.

En menor grado, pero mayor gravedad, aparece la ideación suicida en el 11 % de los cuidadores encuestados.

En otro estudio realizado (Bravo González, F., Izquierdo Ayuso, G., Valdés Pacheco, R., Ramírez Cabrales, A., y Sánchez Palacios, C. 2004) se determinó que también pueden aparecer alteraciones en los rasgos de personalidad, dentro de los cuales se encuentran: sobreimplicación emocional con el enfermo, centrarse obsesivamente todo el día en el paciente, estar pensando en él todo el tiempo, conceden demasiada importancia a detalles diarios nimios sin relevancia.

Dichos autores coinciden además en plantear que este cortejo sintomático puede variar en intensidad en relación con la etapa en que se encuentre el cuidador.

Etapas del síndrome del cuidador

- o Fase de estrés laboral: el cuidador vive para y por el paciente. Se siente con mucha energía y niega la ayuda de los demás. Se empieza a cansar físicamente y a cuidar peor al paciente.
- o Fase de estrés afectivo: el cuidador sufre de cansancio físico y emocional. Se siente solo, sin ayuda, incomprendido, que nadie reconoce su esfuerzo. Se siente impotente y termina maltratando al paciente.
- o Fase de inadecuación familiar: el cuidador siente las consecuencias de asumir desmedidamente el cuidado del familiar; está fatigado, aparecen manifestaciones o síntomas físicos.

Otros estudios realizados (Arroyo Mena, C., Díaz Domínguez, M., Domínguez Martínez, A., 2008) plantean que es muy frecuente detectar en cuidadores de más de seis meses de trabajo continuo síntomas psicosomáticos: dolores de cabeza y de otras zonas, anorexia, temblor fino, problemas gástricos, disnea respiratoria, arritmias cardíacas y palpitaciones, sudoraciones y vértigos, alergias inmotivadas. En relación a las alteraciones físicas otro estudio realizado dos años después (Bartolomé Alberca, S., Castellanos Pinedo, F., Cid Gala, M., 2010) refirió que además es muy frecuente la presencia de alteraciones del sueño y plantea al insomnio como una alteración frecuente que pudiera determinar otras alteraciones como la fatiga crónica y trastornos objetivos de memoria y concentración.

Esta sintomatología continúa agravándose hasta la fase final de vacío personal o fase de abandono.

- Fase de abandono: en la cual los mismos autores incluyen síntomas como abandono de las atenciones que daban a otros familiares, abandono de los autocuidados personales (peluquería, alimentación, ropa, etc.), desinterés por actividades que sí importaban antes refiriéndose a desatención de actividad laboral, amistades o incluso relación conyugal. (Bartolomé Alberca, S., Castellanos Pinedo, F., Cid Gala, M., 2010)

Factores de riesgo que provocan mayor sobrecarga en el cuidador

La aparición de este síndrome se observa asociada a determinados factores según plantean diferentes investigaciones, no siempre coincidentes, (Artaso y cols, 2003 y 2001; Rodríguez del Álamo, 2002 y 1994; Muela y cols, 2002; Laserna, 1997; Jerrom y cols, 1993; Morris y cols, 1988), consultadas por autores como: Alonso, B., Araoz, I., Arroyo, M., Barberá, R., Casanovas, M., García, F., García, M., Lerma, A., Pous, M., Poveda, R., Romero, R., Rovira-Beleta, E., Salvador, C., Valle, I., y Vidriales, R. quienes en el año 2008 en su estudio *Un cuidador. Dos vidas* concluyeron que existen alteraciones que se asocian directamente con la aparición del «síndrome de cuidador quemado», haciendo diferencias en dos grandes grupos, dentro de las cuales citan:

En relación al enfermo:
- Demencia ya intensa o profunda.
- Larga duración desde el diagnóstico de la enfermedad.

- Alucinaciones, delirios o confusión (psicosis y delirium).
- Agresividad, agitación y negativismo.
- Incontinencia, vómitos y escaras (llagas).
- Que impide dormir por la noche (voceo, paseos).
- Con múltiples otras dolencias médicas.

En relación al cuidador:
- Con mala salud física previa.
- Con historial previo de depresión o de trastornos de personalidad.
- Sin cónyuge, pareja o amigos íntimos.
- Ya mayor o anciano.
- Sin otra actividad aparte del cuidar.
- Sin otros parientes que convivan en el domicilio.
- Bajo nivel económico.
- Ausencia de apoyos socio-sanitarios inmediatos (en especial médico de cabecera poco accesible y centros de día no disponibles).
- Desconocimiento de la enfermedad y de su manejo práctico.

Algunas propuestas para prevenir el síndrome de cuidador cansado

Es muy importante la actitud que el profesional que asiste el caso tome frente al cuidador y su problemática; es necesario trascender la clínica y al enfermo para acercarse al cuidador desde una perspectiva más humana.

El profesional que se aproxima al campo de las demencias debe ser consciente de la necesidad de establecer una relación más cercana con el familiar cuidador de forma que pueda conocer la verdadera problemática que este enfrenta desde el punto de vista personal y psicológico. Es importante escucharlo con atención el tiempo que se requiera para poder conocer y comprender desde un estilo asertivo cuáles son los problemas fundamentales que lo aquejan.

Esta comunicación tiene el objetivo general de contribuir a una efectiva relación cuidador-paciente, el profesional debe:
- Utilizar el lenguaje verbal y no verbal para demostrar que estamos escuchando. Ser muy cuidadoso en el lenguaje para que demuestre comprensión más que autoridad.
- Mostrar empatía. Debemos convertirnos en un espejo en el que la persona ve reflejados sus sentimientos y que esta perciba que la entendemos. Hacerles sentir que su opinión es importante porque es quien mejor conoce al enfermo.
- Reforzar los comentarios o actitudes de cambio positivos del familiar. Usar frases de felicitación, admiración, reconocimiento ante conductas de autocuidado.
- Si el familiar del enfermo nos hace alguna crítica con respecto al trato del enfermo debemos escucharle sin interrumpir y evaluar las razones evitando comentarios defensivos. Debemos demostrar nuestra opinión, nunca imponerla
- Evitar las críticas al familiar, si detectamos que algo no está bien o se puede mejorar, debemos sugerir.

Algunos autores (Dippel y Hutton, 2002; Schulz, 2000; Pascual, 1999; Mittelman y cols, 1995; Williamson y Schulz, 1993 citados por Sarrate Capdevila, M.L. 2006) hacen algunas propuestas de intervención con el objetivo de mejorar la calidad de vida del cuidador para evitar mayor deterioro según el modelo integral biopsicosocial dentro de las cuales citan:
1. El primer paso de todo programa de ayuda consiste en que el cuidador del paciente de Alzheimer reconozca que necesita ayuda, y que

ello no le distraerá de su labor de cuidar, sino que le hará más eficaz. En todo caso el disimulo de lo que le puede estar ocurriendo a sí mismo no mejorará la situación personal.

2. Aceptar que estas reacciones de agotamiento son frecuentes e incluso y previsibles en un cuidador. Son reacciones normales ante una situación límite, pero que necesitan apoyo.
3. No olvidarse de sí mismo, poniéndose siempre en segundo lugar. El autosacrificio total no tiene sentido.
4. Pedir ayuda personal al detectar estos signos, no ocultarlos por miedo a asumir que se está al límite de sus fuerzas ni tampoco por culpa de no ser un supercuidador.
5. No temer acudir a un profesional (psiquiatra o psicólogo) y a grupos de autoayuda (GAMA) de asociaciones de afectados por la enfermedad de Alzheimer que resultan ser muy eficaces.
6. Aprender técnicas de relajación psicofísica (Jacobson, Schultz), visualización distractiva, yoga, etc.
7. Solicitar información y formación adecuada sobre aspectos médicos de la enfermedad (evolución futura, previsión de complicaciones, medicación) y conocimientos prácticos para enfrentar los problemas derivados tales como nutrición, higiene, adaptación del hogar, movilizaciones del paciente, etc. Todo ello incrementa el sentimiento de control y de eficacia personal.
8. Marcarse objetivos reales, a corto plazo y factibles en las tareas del cuidar. No mantener expectativas irreales («el enfermo no va a empeorar más de lo que está»), ni tampoco ideas omnipotentes sobre

uno («voy a solucionar todos los problemas yo solo»).

9. Ser capaz de delegar tareas en otros familiares o personal contratado (sanitario o del hogar). No creerse imprescindible.
10. Mantenerse automotivado a largo plazo, autorreforzarse en los éxitos, felicitándose a sí mismo por todo lo bueno que va haciendo.
11. No fijarse solo en las deficiencias y fallos que se tengan.
12. Cuidar especialmente los propios descansos y la propia alimentación: parar diez minutos cada dos horas, dormir las horas suficientes y mantener una dieta adecuada.
13. Tomarse también cada día una hora para realizar los asuntos propios. Asimismo, permitirse un merecido descanso diario o semanal, fuera del contacto directo con el enfermo.
14. Si se puede, realizar ejercicio físico todos los días, ya que elimina toxinas corporales y despeja la mente.
15. Evitar el aislamiento: obligarse a mantener el contacto con amigos y otros familiares. Salir de la casa con otras personas, no quedarse enclaustrado. Los vínculos afectivos cálidos amortiguan el estrés.
16. Saber poner límite a las demandas excesivas del paciente; hay que saber decir NO, sin sentirse culpable por ello.
17. Expresar abiertamente a otros las frustraciones, temores o propios resentimientos, es un escape emocional siempre beneficioso.
18. Planificar las actividades de la semana y del día.
19. Establecer prioridades de tareas, diferenciando lo

urgente de lo importante. Decidir qué cosas no va a poder realizar con bastante probabilidad. La falta de tiempo es una de las primeras causas de agobio.
20. Promocionar la independencia del paciente. No debe realizar el cuidador lo que el enfermo pueda hacer por sí mismo, aunque lo haga lento o mal.
21. Usar centros de día, residencias de respiro temporal, o personal contratado de asistencia domiciliaria.

Conclusiones

La relación cuidador-paciente es un proceso que debe sostenerse desde un inicio en principios sólidos de selección para que pueda desarrollarse de forma sana y enriquecedora. En esta relación debe existir un equilibrio de factores intrínsecos y extrínsecos que incluye: capacidad y aptitud del cuidador, participación de la familia, red de apoyo social y del profesional que asiste el caso. Cuando existe un inadecuado funcionamiento de estos factores aparece el agotamiento del cuidador, lo cual puede causar secuelas irreversibles.

Un correcto funcionamiento familiar, una buena orientación profesional y adecuado apoyo social pueden evitar la aparición del síndrome de cuidador cansado y prevenir complicaciones personales, familiares y al paciente.

Referencias bibliográficas de La soledad del cuidador

- Zavala M, Vidal D, Castro M, Quiroga P, Klassen G. *Funcionamiento Social del Adulto Mayor*. Cienc. enferm. 2006; XII (2): 53-62.
- Sánchez B. *Cómo cuidar un enfermo en casa*. Aquichán 2005; 5(1): 162.
- Dueñas E, Martínez M, Morales B, Muñoz C, Viáfara AS, Herrera J. *Síndrome del cuidador de adultos mayores discapacitados y sus implicaciones psicosociales*. Colombia Médica. 2006;37 Suppl 1: 31-8
- Ankri J, Andrieu S, Beaufils B, Grand A, Henrard J. *Beyond the global score of the Zarit Burden Interview: useful dimensions for clinicians*. Int J Geriatr Psych. 2005;20:254-260
- Zambrano Cruz, Renato and Ceballos Cardona Patricia. Caregiver *Burden Syndrome*. rev. colomb. psiquiatr. [online]. 2007, vol.36, suppl.1, pp.26-39. ISSN 0034-7450
- Dueñas Eliana. et al. *Syndrome of the caregiver in disability old patients and the psychosocial implications*. Valle del Cauca, Colombia 2003-2004. Colomb. Med. [online]. 2006, vol.37, n.2, suppl.1, pp.31- 38. ISSN 1657-9534.
- Llibre Guerra J, Perera Miniet E. *Impacto biológico, psicológico, social y económico del síndrome demencial en cuidadores cruciales*. Rev 16 de Abril. 2004;204(2):13-26.
- Díaz J, Rojas M. *Cuidando al cuidador: efectos de un programa educativo*. Aquichán. 2005; 9(1): 73-92
- Pinto N, Barrera L, Sánchez B. *Reflexiones sobre el cuidado a partir del programa «Cuidando a los cuidadores»*. Aquichán. 2005; 5(1): 128-137. ISSN 1657-5997
- Izal M, Montorio I, Díaz-Veiga P. *Cuando las personas mayores necesitan ayuda: Guía para cuidadores y familiares*. Madrid: INSERSO; 1997
- Sánchez B. *Cómo cuidar un enfermo en casa*. Aquichán 2005; 5(1): 162.
- Flores JA, Adeva J, García MC, Gómez M P. *Psicopatología de los cuidadores habituales de ancianos*. Index Enferm. 1997; 3(1218): 261-272.
- Mockus S, Novielli K. *A practical Guide to Caring for Caregivers*. Am Fam Physician. 2009; 62: 2613-2621
- Lara L, Díaz M, Herrera E, Silveira P. *Síndrome del «Cuidador» en una población atendida por equipo*

multidisciplinario de atención geriátrica. Rev Cubana Enferm. 2001; 17(2): 107-111
- Tirado Pedregosa, G. *Apoyo social en el cansancio del rol del cuidador.* Evidencia. 2009; 6(25).
- Giraldo C, Franco G. *Calidad de vida de los cuidadores familiares.* Aquichan. 2006; 6(1): 38-53.
- Ocampo J, Herrera J, Torres P, Rodríguez J, Loboa L, García C. *Sobrecarga asociada con el cuidado de ancianos dependientes.* Colomb. Med. 2007; 38: 40-46.
- Peña-Casanova, J. (1999a). *Enfermedad de Alzheimer. Del diagnóstico a la terapia: Conceptos hechos.* Barcelona: Fundación la Caixa
- Medina Ortega, J., Martín Duarte, J.S., Nevado Rey, M., Losada Pérez, D., Silva Zavaleta, V., Jiménez Simón, S., y Conde Morala, J. (2006). *Los cuidados informales a un enfermo de Alzheimer. El cuidador familiar.* Madrid: AFALcontigo.
- Bravo González, F., Izquierdo Ayuso, G., Valdés Pacheco, R., Ramírez Cabrales, A., y Sánchez Palacios, C. *Cuidarnos para cuidarles.* En Ramírez Cabrales, A., y Sánchez Palacios, C., Guía práctica para cuidadores (pp. 21-40) (2008). Sevilla: FEDEMA.
- Bartolomé Alberca, S., Castellanos Pinedo, F., Cid Gala, M., Crespo Cadenas, B., Duque San Juan, B., Jiménez Marín, L., Luque Macías, E., Martín Muñoz, M., y Rodríguez Fúnez, B. (2010). *Problemas de conducta en las demencias: guía para familiares.* Badajoz: Junta de Extremadura.
- Arroyo Mena, C., Díaz Domínguez, M., Domínguez Martínez, A., Estévez Jimeno, A., García López, B., García Rico, C., Gil Gregorio, P., Gómez Pavón, J., Lorea González, I., Marmaneu Moliner, E., Martínez Lozano, D., Molinuevo Guix, J., Pastor Muñoz, P., y Viloria Jiménez, A. (2008). *Atender a una persona con Alzheimer.* Pamplona: Caja Madrid.
- Alonso, B., Araoz, I., Arroyo, M., Barberá, R., Casanovas, M., García, F., García, M., Lerma, A., Pous, M., Poveda, R., Romero, R., Rovira-Beleta, E., Salvador, C., Valle, I., y Vidriales, R. (2008). *Un cuidador. Dos vidas.*
- Sarrate Capdevila, M.L. (2006). *Atención a las personas mayores. Intervención práctica.* Madrid: Universitas, S.A.

Epílogo

Cuando ya casi estoy dándole los toques finales a este libro, me ha tocado nuevamente tomar una decisión muy difícil por la inmensa carga emocional que conlleva. La condición de mi madre ha seguido la evolución normal y hemos llegado a un punto en que seguir cuidando de ella en casa se ha tornado una tarea titánica que compromete la calidad de la atención que le puedo dar, mi ya afectada salud y la estabilidad de mi familia.

Las constantes crisis de ansiedad que sufre han socavado mis fuerzas y por el bien de todos y el de ella misma hemos decidido internarla junto a mi padre. De esa forma estaré segura de que estará bien atendida, con la medicación adecuada y cuidados permanentes, mismos que ya a mí se me hace cuesta arriba ofrecerle. Así como lo superamos con mi padre, espero que pase con ella.

El haber llevado a mi padre a la casa de reposo ha significado una mejora en la interacción con él. Las visitas con sus nietos se hacen sin la tensión del sufrimiento, de la imposición, de la impaciencia y de la impotencia de ambos ante las cosas que debíamos pasar cada día. De no existir ninguna relación significativa con sus nietos, pasamos a momentos en los que comparten con él lo que más le gusta: jugar dominó.

Eso mismo espero para mi madre. Que cada vez que la visite sea para disfrutar de su compañía y ella de la nuestra sin la sombra de la desesperación al atender sus ataques de ansiedad, de la rabia que esto le produce y que descarga en quienes estamos con ella en esos trances.

Quiero que tenga un poco de paz en esta etapa de su vida. Paz que he tratado de darle durante los últimos años brindándole todo mi tiempo y atención, pero que ya en este momento me es imposible dárselo de la misma forma.

Concluyo este libro con la esperanza de que quienes lo hayan tenido en sus manos hayan encontrado alguna palabra, frase o sentimiento con la cual identificarse y sentir un poco de apoyo, un espacio de respiro, un rellano donde descansar en esta escalera que nos ha presentado la vida.

Cuidar a nuestros padres ancianos enfermos es una tarea titánica que solo el que la realiza sabe lo que significa. Recuerda siempre que nadie que esté mirando desde la acera de enfrente, y no viva las veinticuatro horas del día lo que te toca vivir, sabe ni la cuarta parte de lo que es tu situación. Tu cansancio, tu impotencia, tu tristeza por ver a tus padres de esa forma solo la conoces tú y, por tanto, nunca debes sentirte culpable, ni deben hacer mella en ti los juicios que puedan emitir los demás.

Da lo mejor de ti, lo que esté dentro de tus posibilidades, no dejes de vivir tu vida por hacer lo que otros consideren que es lo correcto. Cada familia es un mundo, cada relación tiene su propia dinámica, tú eres el único que sabrá instintivamente lo que debas hacer.

Una de las cosas que he debido aprender en todo este proceso es que cada quien es responsable de lo que siente. Podemos ser muy empáticos con nuestros padres, ponernos en su lugar e imaginarnos cómo se sienten con cada decisión que tú tomas. Nos hacemos películas mentales de lo que ellos estarán pensando, pero eso realmente no lo sabemos.

Te invito —y te prometo que yo también trataré de hacerlo— a que pienses en que cuando eras niño tus padres tomaban decisiones que quizá no te agradaban, pero que hoy sabes que siempre lo hicieron por tu bien. Ahora, y como lo he planteado en este libro, estas circunstancias nos han llevado a convertirnos en los padres de nuestros padres, por tanto las decisiones que tomemos, aunque puedan doler en determinados momentos, serán las que creamos mejor para ellos.

Gracias por haberme acompañado hasta aquí. En mi libro anterior escribí que si alguien me preguntara el porqué de este texto mi respuesta sería: tu presencia en este momento conmigo. Todo tiene un para qué, todo tiene que servir de algo. Esta experiencia será un aprendizaje tanto en tu vida como en la mía.

Gracias.

Última nota

Este libro ya casi está en la imprenta, luego de casi un año de haberlo terminado de escribir. Para que no se vaya sin conclusión, te cuento que en ese tiempo mis padres decidieron partir a otro plano de existencia.

Primero él, y al poco tiempo ella. Fueron unos últimos meses en los que compartimos desde la paz que nos daba el que estuvieran recibiendo la atención que merecían. Nuestras visitas eran momentos de esparcimiento, de consentimiento, de caprichos para ellos, de recuerdos bonitos.

Se fueron en paz, como deberíamos irnos todos. Simplemente cerraron sus ojos y volaron al infinito.

Carolina González Arias es periodista graduada en la Universidad Central de Venezuela con especialización en Imagen Corporativa. Ha ejercido desde hace más de 25 años el periodismo impreso, radial e institucional. Además ha sido conductora de programas de radio, asesora de imagen, escritora de guiones audiovisuales y profesora universitaria. Actualmente se dedica a ofrecer sus servicios de correctora de estilo en su página carolinagonzalezarias.com

Amante de los libros desde niña, en su adolescencia comenzó a leer sobre crecimiento personal al mismo tiempo que leía a sus autores favoritos y los que por su profesión ameritaba conocer. En esa mezcla de lecturas descubrió que es posible obtener claves de desarrollo espiritual y personal de autores tan disímiles como García Márquez, Stephen King, Isabel Allende, Wayne Dyer o Virginia Satir. Es autora del libro *Organiza tu clóset mental y vive mejor* en el cual, al igual que en este, plasmó aquellas vivencias personales que pudieran ser de ayuda para quienes la necesiten.

Made in the USA
Las Vegas, NV
04 May 2021